Einfluss des Ernährunç

CW00502236

Mirian Janneth Encalada Camaz

Einfluss des Ernährungsfaktors auf das kognitive Niveau

Sie ist von entscheidender Bedeutung, weil sie sowohl für die Schüler als auch für die Gesellschaft als Ganzes von Nutzen ist

ScienciaScripts

This book is a translation from the original published under ISBN 978-620-2-14176-5.

Publisher:
Sciencia Scripts
is a trademark of
Dodo Books Indian Ocean Ltd. and OmniScriptum S.R.L publishing group

120 High Road, East Finchley, London, N2 9ED, United Kingdom
Str. Armeneasca 28/1, office 1, Chisinau MD-2012, Republic of Moldova, Europe

ISBN: 978-620-6-95329-6

ALLGEMEINES INDEX

Einführung 4

KAPITEL I DAS PROBLEM 6

KAPITEL II THEORETISCHER RAHMEN 13

KAPITEL III METHODIK, PROZESS, ANALYSE UND 43
DISKUSSION DER ERGEBNISSE

KAPITEL IV VORSCHLAG 83

Schlussfolgerungen 99

Empfehlungen 100

Bibliograna 130

ZUSAMMENFASSUNG

Die Forschung, die durchgeführt wurde, wird auf praktikable Weise die Realisierung eines interaktiven Multimedia-Guides ermöglichen, der mit Hilfe des Ernährungsfaktors geführt wird, da dieser dazu beitragen wird, das kognitive Niveau beim Lernen der Schüler der achten Klasse der allgemeinen Grundbildung zu verbessern. Die theoretische Grundlage basiert auf den Inhalten, die sich auf die Variablen beziehen, die in dem zuvor untersuchten Problem des Ernährungsfaktors definiert sind. Mit der Bibliographie zuvor angegeben und im Zusammenhang mit den Indikatoren in der Matrix der Operationalisierungen der Variablen, empirische und statistische Methoden auf der Grundlage dieser Forschung, das Problem wurde interpretiert und analysiert und der Schritt wurde zur Entwicklung des Vorschlags. Mehrere Arten von Techniken und Formen der Datenerhebung wurden verwendet, vor allem dokumentarische Quellen, Umfragen, Interviews mit Studenten, Lehrern und Direktoren. Die Untersuchung ist explorativ und deskriptiv, um die bibliografische und die Feldanalyse genau durchführen zu können und auf diese Weise zu zeigen, dass das Projekt realisierbar und durchführbar ist. Die Stichprobe für die Untersuchung besteht aus 96 Schülern von drei Parallelklassen der achten Klasse der allgemeinen Grundbildung der Bildungseinheit "Vfctor Emilio Estrada" der Stadt Guayaquil des Kantons Playas. Diese statistischen Daten werden mit Hilfe des Programms Chip-Squared validiert, da dieses Programm so programmiert ist, dass es einen angemessenen Prozentsatz der Stichprobe erhält, was die Machbarkeit des Vorschlags beweist. Oder der Fehler, mit weniger als fünf Prozent zu dem oben erwähnten Problem.

ZUSAMMENFASSUNG

Die Forschung, die durchgeführt wurde, ermöglicht die Realisierung eines interaktiven Multimedia-Führers durch den Faktor Ernährung, da dies zur Verbesserung des kognitiven Lernniveaus von Schülern der achten Klasse der allgemeinen Grundbildung beitragen wird. Die theoretische Grundlage basiert auf den Inhalten, die sich auf die Variablen, die in das Problem, dass diese zuvor untersuchten Ernährungs-Faktor. Mit der Literatur zuvor angegeben und sind im Zusammenhang mit den Indikatoren in der Matrix der Operationalisierung von Variablen, empirische und statistische Methoden auf der Grundlage dieser Forschung wurde interpretiert und analysiert das Problem und hat den Schritt zur Entwicklung des Vorschlags. Es hat verschiedene Arten von Techniken und Formen der Datenerhebung, vor allem die dokumentarischen Quellen, Umfragen, Interviews mit Schülern, Lehrern und Administratoren verwendet. Die Forschung ist explorativ und deskriptiv zu Recht bibliographische Analyse und Feld durchzuführen und damit zeigen, dass das Projekt lebensfähig und durchführbar ist. Die Stichprobe Forschung ist 96 Studenten von drei parallelen achten Klasse General Education Basic Educational Unit "Victor Emilio Estrada der Stadt Guayaquil Kanton Strände. Sie werden diese Statistiken durch die quadratische Chip-Programm zu validieren, weil dieses Programm ist geplant, um den entsprechenden Prozentsatz auf die Probe demonstriert Durchführbarkeit des Vorschlags zu nehmen. O Fehler, mit weniger als fünf Prozent auf die

EINFÜHRUNG

Die kognitive Ebene ist die Grundlage für die Entwicklung von Kompetenzen und für die Anwendung im realen Kontext der Schüler. Die Länder mit den besten Bildungssystemen der Welt und ihre Lehrer gestalten ihre gesamte Planung durch den Einsatz verschiedener Techniken und didaktischer Prozesse. Diese werden in der Praxis bei der Ausbildung von ernährungswissenschaftlichem Wissen angewandt. Die Länder der Welt entwickeln Techniken für das Ernährungsstudium, um Lernschwierigkeiten rechtzeitig zu vermeiden.

Das Problem entwickelt sich aufgrund der Tatsache, dass das Land wurde über Jugendliche in den Prozess der Entwicklung besorgt, um die Qualität des Lernens zu verbessern, wie gefordert und durch das Ministerium für Bildung, wo die Verordnung mit der offiziellen Registrierung Nr. 232 von 2014 für die Kontrolle des Betriebs von Schulbars ausgestellt wird, damit die Umsetzung einer Esskultur auf der Ebene der gesamten Kontext in Studenten.

Ziel der Untersuchung ist es, den Einfluss des Faktors Ernährung auf die schlechten schulischen Leistungen der Schüler der achten Klasse des EGB der Bildungseinheit "Vfctor Emilio Estrada" zu diagnostizieren und einen Vorschlag zur Verbesserung der Unterrichtsqualität mit Hilfe eines interaktiven Multimedia-Guides vorzulegen.

Dazu haben wir als unabhängige Variable den Faktor Ernährung und als abhängige Variable das kognitive Niveau der Achtklässler bestimmt, wissenschaftliche Forschungsmethoden angewandt und die Datenauswahl mittels Umfragen bei Schülern und Lehrern, die Datentabellierung mittels eines geeigneten Programms für die präzise Darstellung der Ergebnisse und die Interpretation für das Ziel unserer Forschung.

Die Bedeutung unserer Forschung besteht in der Verbesserung der Ernährungsqualität bei den Schülern, um das kognitive Niveau im Lernbereich zu verbessern, durch den Einsatz eines interaktiven Multimedia-Guides. Die in dem Vorschlag detailliert sind.

Die vorliegende Forschungsarbeit ist in vier Kapitel unterteilt, die im Folgenden erläutert werden.

Kapitel I: Das Problem, hier werden der Kontext der Forschung, die Formulierung des Problems, sowie die Anerkennung der Ursachen, Fragen und Ziele der Forschung angegeben.

Kapitel II: Theoretischer Rahmen, in diesem Kapitel werden alle wissenschaftlichen und akademischen Grundlagen der Forschung dargelegt, der Hintergrund definiert und die Dimensionen und Indikatoren für jede Variable entwickelt.

Kapitel III: Methodik beschreibt das Forschungsdesign, die verwendeten Techniken sowie die Grundgesamtheit, die Stichprobe, die Interpretation und die Analyse der erhobenen Daten.

Kapitel IV: Der Vorschlag, es ist zu verstehen, die Ergebnisse der Untersuchung, sowie die Lebensfähigkeit, Auswirkungen, Erklärung und Schlussfolgerungen der Anwendung des Vorschlags, die aus der Gestaltung eines interaktiven Multimedia-Guide auf der Grundlage der Ernährung Faktor, der kognitiven Ebene der Schüler.

Am Ende des Dokuments finden sich die bibliographischen Referenzen, die als Quellen für die Konsultation dienten, und die Anhänge, die sich auf die verschiedenen Teile der Forschungsarbeit beziehen.

KAPITEL I

Das PROBLEM

Forschungskontext

In den letzten Jahren hat Ecuador eine Reihe von Bildungsreformen vorgeschlagen, die darauf abzielen, die Qualität in jedem einzelnen Bereich der Bildung zu verbessern. Die ecuadorianische Regierung hat in der offiziellen Verordnung Nr. 232 aus dem Jahr 2014 die Kontrolle von Schulbars, in denen Junkfood verkauft wird, und die Aufforderung, diese Mahlzeiten durch nahrhafte Lebensmittel wie Obst anstelle von Snacks zu ersetzen, erlassen und die Eltern in Gesprächen dazu angehalten, nahrhafte Mahlzeiten von zu Hause mitzubringen, um schlechte Ernährung und ein niedriges kognitives Niveau der Schüler zu verhindern.

Die Entwicklung des Verständnisses des Einzelnen ist eine Priorität, aber die kognitive Ebene des Lernens wie Argumentation, Demonstration, Kommunikation, Zusammenhänge und Darstellung ist immer noch gering entwickelt: Argumentation, Demonstration, Kommunikation, Zusammenhänge und Darstellung. Das Problem wurde bei den Schülern der achten Klasse der Höheren Grundbildung des Vfctor Emilio Estrada Fiscal Educational Unit des Kantons Playas, Gemeinde General Villamil, der Zone 5, Distrikt 09D22, Schuljahr 2015-2016 festgestellt, eine Tatsache, die untersucht werden sollte.Mit dieser Forschung soll durch die interaktive Multimedia-Guide zu fördern, um das Potenzial zu entwickeln, zu erforschen und zu üben, die richtige Art und Weise der richtigen und nahrhafte Lebensmittel, um das kognitive Niveau der Schüler zu verbessern.eine niedrige kognitive Ebene, die in Studenten aufgrund von Unwissenheit seitens der Lehrer und die geringe Zusammenarbeit der gesetzlichen Vertreter, die die Ernährung Desinteresse induziert haben, ist zu beobachten.

Der Faktor Ernährung ist eine der wichtigsten Grundlagen für die Bildung und die Entwicklung des kognitiven Niveaus der Schüler. Wenn der Schüler gut ernährt ist, ist er geistig und damit auch kognitiv auf eine angemessene Lernentwicklung vorbereitet; dies kann durch die Noten der Schüler im letzten Schuljahr belegt werden, in dem sie Durchschnittswerte zwischen 6,60 und 6,80 von 10 erreichten, Daten, die im Sekretariat der Schule aufgezeichnet sind.

Das vorliegende Forschungsprojekt wird während des Schuljahres 2015-2016 in der Bildungseinheit Vfctor Emilio Estrada des Kantons Playas der Gemeinde General Villamil, die zum Bezirk 09D22, Zone 5 gehört, mit den Schülern der 8.

Dieses Projekt ist von großer Bedeutung für den Bildungskontext des Landes, da es Ernährungsmaßnahmen vorschlägt, die es ermöglichen, das Bildungsniveau des Schülers zu verbessern. Und vor allem die kognitive Entwicklung der gleichen.

Die Durchführbarkeit des Projekts wird durch die reale Möglichkeit belegt, die Mitglieder der Bildungsgemeinschaft - insbesondere Lehrer und Direktoren - durch Vorträge, Seminare und Workshops zu sensibilisieren, die es ihnen ermöglichen, eine aktivere Didaktik zu entwickeln, die, wenn sie angewendet wird, die Entwicklung des Ernährungsfaktors fördert und gleichzeitig das kognitive Niveau verbessert. Dies führt zur Erlangung von Fähigkeiten, die es den Schülern ermöglichen, Probleme im Zusammenhang mit der raschen geistigen Entwicklung und in Verbindung mit dem täglichen Leben zu lösen, zu argumentieren und Lösungen zu finden.

Die Forschung ist ein neuartiger Vorschlag, der für die Entwicklung der Schüler sehr wichtig ist, da er den Einsatz von Technologie und Internet auf schnelle und unterhaltsame Weise ermöglicht, ohne dass die Schüler den Unterricht müde beenden oder von der Menge der Themen, die sie täglich lernen müssen, überfordert sind.

Die Forschung wurde von den Schulbehörden genehmigt und richtet sich an die Bildungsgemeinschaft und ihre verschiedenen Akteure wie Schüler und Lehrer. Das Projekt kommt vor allem der kognitiven Ebene des Schülers zugute, wo die mangelhafte Lernentwicklung fortbesteht.

Forschungsproblem

Das Forschungsproblem basiert auf dem Ernährungsfaktor und seinem Vorkommen im kognitiven Niveau des Schülers, der die achte Klasse der allgemeinen Grundbildung besucht, für die es einen Mangel an Konzentration zum Zeitpunkt der Erbringung der erforderlichen Kenntnisse durch den Schüler im Klassenzimmer erforderlich ist. Es wird das mangelnde Interesse der Schüler am Erlernen der täglichen Schulaktivitäten beobachtet, da sie wissen, dass auf einem höheren

Bildungsniveau mehr Wissen erforderlich ist, um die zuvor genannten Anforderungen zu erfüllen.

Dies bestätigt, dass ein interaktiver multimedialer Ernährungsratgeber notwendig ist, um Schüler und Lehrer über gesunde Ernährung und deren Auswirkungen auf die Verbesserung der Ernährung von Schülern zu informieren.

Konfliktsituationen

Man beobachtet bei den Schülern einen Mangel an Enthusiasmus bei der Teilnahme am Unterricht, einen Mangel an Interesse, eine Müdigkeit bei den Schülern, die die achte Klasse der allgemeinen Grundbildung besuchen, was zu einem Mangel an Konzentration bei der Vermittlung der notwendigen Kenntnisse führt, die der Schüler im Unterricht benötigt.

Es wird festgestellt, dass es den Schülern an Interesse mangelt, den Schulalltag zu erlernen, da sie wissen, dass auf einem höheren Bildungsniveau mehr Wissen erforderlich ist, um die zuvor genannten Anforderungen zu erfüllen.

Die Faktoren, die zu diesem Problem geführt haben, sind: mangelnder Enthusiasmus für das Lernen, fehlende Dynamik im Klassenzimmer, Entmutigung der Schüler, geringe schulische Leistungen, Müdigkeit zu Beginn des Unterrichts.

Die Ereignisse, die in dieser Untersuchung aufgetreten sind, sind die Noten der Schüler, die in dieser Bildungseinheit und insbesondere in der achten Klasse auf sehr besorgniserregende Weise gefallen sind.

Die Hauptakteure in dieser Untersuchung sind die Schüler, Eltern und Lehrer, die die Hauptakteure in dieser Untersuchung sind.

Das Problem wurde durch das mangelnde Interesse der Schüler am Lernen, die schwachen Leistungen im Unterricht, die Müdigkeit, die sie zeigen, und vor allem durch die Noten, die sich nach und nach verschlechtern, erkannt. Aus diesem Grund bestätigt sich die Notwendigkeit, einen interaktiven Multimedia-Ernährungsratgeber zu erstellen, um Schüler und Lehrer über eine gute Ernährung und ihre Auswirkungen auf die Verbesserung der Ernährung und damit auf die Verbesserung des akademischen Niveaus der Schüler zu informieren.

Wissenschaftliche Tatsache

Das niedrige kognitive Niveau der Schüler der achten Klasse der allgemeinen Grundbildung in der Bildungseinheit "Vfctor Emilio Estrada" zeigt sich in den von ihnen erreichten Noten, die wie folgt sind: 77 von ihnen, d.h. 60 % haben die Qualifikation PARA (5-6), 39 von ihnen, d.h. 30 % haben die Qualifikation (7-8), 12, d.h. 9 % haben die Qualifikation DAAR (9) und nur 1 Schüler hat die Qualifikation SAAR (10), was man sucht, ist, dass die Schüler, die die Qualifikation PAAR haben, d.h. 60 %, die unmittelbare Qualifikation, d.h. die AAR (7-8) erreichen, was durch den Einfluss des Ernährungsfaktors in den Schülern zu realisieren ist.

Verursacht

Die Ursachen, die sich auf die kognitive Ebene auswirken, sind die folgenden:

1. Unzureichende Kenntnisse über die Entwicklung von Ernährungsfaktoren
2. Wenig Entwicklung von methodischen Strategien
3. Mangel an ernährungsbezogenen Lerntechniken
4. Unzureichende Entwicklung der Denkfähigkeit

Problemformulierung

Inwiefern beeinflusst der Faktor Ernährung das kognitive Niveau der Schüler der achten Klasse der allgemeinen Grundbildung der Bildungseinheit "Vfctor Emilio Estrada", Zone 5, Bezirk 09D22, Provinz Guayas, Kanton Playas, Gemeinde General Villamil, Schuljahr 2015-2016?

Ziele der Forschung

Allgemeine Zielsetzung

Untersuchung des Einflusses des Ernährungsfaktors auf das kognitive Niveau der Schüler durch eine bibliografische Recherche, statistische und praktische Analysen für die Entwicklung eines interaktiven Multimedia-Guides.

Spezifische Zielsetzungen

> Ermittlung des Einflusses des Faktors Ernährung durch eine bibliografische Studie, eine statistische Analyse, eine Umfrage unter Lehrern, Schülern und Eltern sowie ein

Interview mit der Schulleitung.

> Beschreibung der kognitiven Ebene durch eine bibliografische Studie, eine Feldstudie, eine Umfrage unter Lehrern, Schülern und Eltern sowie eine Befragung von Managern.

> Auswahl der wichtigsten Forschungsaspekte für die Gestaltung eines interaktiven Multimedia-Guides auf der Grundlage der gewonnenen Daten.

Forschungsfragen

1. Wie wichtig ist die Anwendung des Faktors "Ernährung" ohne Vorkenntnisse?
2. Welchen Einfluss hat die Ernährung von Schülern auf ihre schulischen Leistungen?
3. Welchen Stellenwert hat das Wissen über Ernährung bei Schülern der achten Klasse?
4. Was ist über die Ernährung in dieser Bildungseinrichtung bekannt?
5. Welche Bedeutung hat die Ernährung für die kognitive Ebene im Lernprozess von Schülern der achten Klasse?
6. Welche Bedeutung hat eine bessere Ernährung für die Verbesserung der kognitiven Fähigkeiten?
7. Wie wirkt sich die Ernährung auf das kognitive Niveau der Schüler aus?
8. Welche Bedeutung hat die Ernährung für die Verbesserung des kognitiven Niveaus?
9. Was sind die Vorteile der Anwendung eines interaktiven Multimedia-Guides in einer Bildungseinrichtung?
10. Welche Bedeutung hat ein interaktiver Leitfaden für den Ernährungsprozess und welche Auswirkungen hat er auf das Lernen der Schüler?
11. Welche Strategien in Bezug auf den Faktor Ernährung können angewendet werden, um das kognitive Niveau der Schüler zu verbessern?

Rechtfertigung

Die vorliegende Arbeit ist von großer Bedeutung, da sie sowohl für die Studenten als auch für die Gesellschaft von Nutzen ist, da sie alle Ernährungsaspekte verbessern wird. Dadurch wird ein Bewusstsein geschaffen, das dazu führt, dass die Qualität des studentischen Lebens verbessert wird.

Auf der Grundlage der Ergebnisse der vorliegenden Untersuchung haben die praktischen Auswirkungen die Untersuchung des kognitiven Niveaus der Schüler und eine Annäherung an den praktischen und technologischen Begriff, sowie die Identifizierung der Vor- und Nachteile der Ernährungsforschung ermöglicht.

Die vorliegende Forschungsarbeit leistet einen Beitrag zur Wissenschaft, da das Wissen über das kognitive Niveau und die Informationen in den Schülern der Motor des wissenschaftlichen und technologischen Fortschritts in der Bildung sind, da in diesem Jahrhundert die Anforderungen nach einem breiten Wissen für die individuelle und somit globale Entwicklung der Schülergemeinschaft verlangen.

Die Relevanz der folgenden Forschung hat als Rechtsgrundlage im Ministerium für Bildung mit der offiziellen Registrierung Nr. 232 von 2014, sowie im Code der Kindheit und Jugend, Artikel 27.- des Rechts auf Gesundheit bei Kindern / als / als / Jugendliche. Beitrag zur intellektuellen und ernährungsphysiologischen Entwicklung der Kinder Ecuadors.

Diese Forschung ist durchführbar, weil sie sich mit einem Problem befasst, das im Laufe der Zeit konstant ist, und die Akzeptanz der gesamten Bildungsgemeinschaft hat, die bereit ist, bei allem zu helfen, was in Bezug auf den Beitrag von Informationen notwendig ist, die dem Projekt Beweglichkeit verleihen, und die auch über eine Menge technologischer Ressourcen verfügt, die in diesem einundzwanzigsten Jahrhundert sehr hilfreich sind.

Das Forschungsprojekt ist für die Schüler der achten Klasse der Vfctor Emilio Estrada Educational Unit von Vorteil, da es das Lernen und Wissen durch die Verwendung der Ernährungspyramide verbessern wird, da der Verzehr aller Lebensmittel auf einer richtigen, gesunden und ausgewogenen Ernährung basiert, da wir uns in einer Ära der Moderne befinden, die von jedem Schüler ein hohes Maß an Wissen verlangt. Auf diese Weise können sich die Schüler für eine vielversprechende Zukunft entscheiden, da sich ihre schulischen Leistungen durch den Erwerb von Wissen über den Faktor Ernährung verbessern können.

Eine der Möglichkeiten, den oben genannten Anforderungen gerecht zu werden, besteht darin, in der Rolle des Lehrers die notwendigen Mittel zur Verfügung zu stellen, um den Ernährungsfaktor bei den Schülern zu erhöhen und so eine Steigerung der grundlegenden Prozesse des Gedächtnisses zu erreichen, indem man

Fachwissen in der Entwicklung des Lernens erwirbt, wodurch sich die Leistungen der Schüler in Bezug auf ihr Lernen verbessern werden.

Das Erlernen von analytischem, zynischem und kreativem Denken ist eine Fähigkeit, die durch die richtige Verarbeitung von Informationen und die Entwicklung des kognitiven Niveaus erworben wird, was in unseren Bildungseinrichtungen leider nicht in dem erwarteten Maße erreicht wird.

Ein Beweis dafür ist die schwache Leistung des ecuadorianischen Bildungswesens in den wichtigsten Fächern, die sich aus den Statistiken der SER-Tests ergibt, die die Schlüsselindikatoren für die akademischen Leistungen der Schüler im Land bewerten und die im Einklang mit der Politik des Zehnjahresplans für das Bildungswesen die Messbereiche und -niveaus für die akademischen Leistungen in den verschiedenen Fächern des Lehrplans festlegen. MEC 2010.

CAPITULO II

THEORETISCHER RAHMEN

Hintergrund der Studie

Bei der Durchsicht der entsprechenden Archive der Fakultät für Philosophie, Literatur und Erziehungswissenschaften sind wir auf Themen gestoßen, die mit dem Projekt in Zusammenhang stehen, wie z. B. "Bewertung des Ernährungsfaktors" mit Ernesto Urresta und Maria Villacres als Autoren im Jahr 2011. In diesem Projekt sehen die Autoren die Notwendigkeit, Krankheiten vorzubeugen, indem sie Jugendlichen beibringen, sich richtig zu ernähren.

Die Autoren Ernesto Urresta und Villacres Mana im Jahr 2011 das Thema Bewertung der Ernährung von Jugendlichen der Fiscal Entfernung Schule Carlos Poveda Hurtado der Stadt Quito, und drücken Sie die Bedeutung des Faktors Ernährung bei Jugendlichen und Menschen im Allgemeinen, und erklärt auch, wie das Fehlen der richtigen Ernährung beeinflusst das Land in allen Menschen. Es ist wichtig zu verstehen, dass eine gute Ernährung dazu beiträgt, Krankheiten vorzubeugen, da ein gut ernährter Körper Abwehrkräfte gegen Krankheiten entwickelt. In beiden Projekten wird die Bedeutung des Ernährungsfaktors bei Schülern hervorgehoben. Aus diesem Grund ist es notwendig und sehr dringend, Krankheiten bei Schülern vorzubeugen, da sie die Zukunft unseres Landes sind, denn wenn wir schlecht ernährte Schüler haben, werden wir Schüler haben, die beim Lernen nicht normal reagieren, was für unser Land so wichtig ist.

Die Gesellschaft braucht für eine vielversprechende Zukunft, dieses Projekt trägt zur Gesundheit der Schüler bei. Bei Schülern, Jugendlichen und der Gesellschaft im Allgemeinen, die sich in der Phase der geistigen, psychologischen und kognitiven Entwicklung befinden.

Theoretische Grundlagen

Nährstofflicher Faktor

Die Definition des Ernährungsfaktors ist die Fähigkeit, sich auf die richtige Art und Weise zu ernähren und auf diese Weise zu erreichen, dass der Schüler sein

13

Wissen verstärken kann, da dieser Ansatz es erfordert, von philosophischem und nahrhaftem Wissen genährt zu werden, um Wissen aufzubauen und damit zu beginnen, seinen eigenen Sinn für ein hochqualifiziertes Lernen für die heutige Zeit zu finden, das ein hohes Wissen über das, was er lernt, erfordert, um die Dinge zu transformieren und sie zu seinem Nutzen aufzubauen.

Aus diesem Grund muss die Ernährungserziehung von zu Hause aus entwickelt werden, da die Bildungseinheiten das bereits Gelernte aufpolieren. Villares, M. & Galiano, S. (2015) weisen darauf hin, dass sich "die in der Kindheit erworbenen Ernährungsgewohnheiten in späteren Jahren nur wenig ändern" (S.4).

Die Autoren weisen darauf hin, wie wichtig es ist, schon in jungen Jahren über Ernährung Bescheid zu wissen, da der Heranwachsende seine intellektuellen Fähigkeiten bereits im Laufe der Zeit entwickelt hat und sich an seinem Wohlbefinden nicht viel ändert, wenn er sich nach seiner Kindheit schlecht ernährt hat.

Überblick über das Ernährungsumfeld

In den Bildungszentren sowie bei der Förderung des guten

Gesundheit ihrer Schüler, damit es keine gesundheitliche Ungleichheit und damit auch keine Ungleichheit beim Lernen gibt.

Herrero, L. & Fillat, J. (2010) erwähnen dies:

dass die Ernährungserziehung im schulischen Umfeld in der Lage ist, die Aufnahme eines ausgewogenen Frühstücks entscheidend zu beeinflussen. Der Nachweis, dass die erzieherische Wirkung der Gesundheitsförderung besonders bei Schülern im zweiten Jahr der obligatorischen Sekundarstufe nützlich ist. Aus dem Gymnasium von Zaragoza, Interventionsgruppe und Kontrollgruppe in der Interventionsgruppe (S.2).

Daher weisen die Autoren darauf hin, dass die Ernährungserziehung in der Bildungseinrichtung auf verantwortungsvolle Weise erfolgen sollte, um eine ausgewogene Gesundheit und Wirkung im Bildungsumfeld zu erzielen, wobei sie als Stichprobe die Schüler der obligatorischen Sekundarstufe heranziehen und Jugendlichen im Alter von 13 und 14 Jahren ein Schulfrühstück anbieten, um sie später zu bewerten.

Ernährung und Gesundheit

Ernährung und Gesundheit sind für Schüler sehr wichtig, weil davon die Lernfähigkeit und die Lebensqualität jedes Einzelnen abhängt, wie das Programm für Gesundheit und Ernährung in Ecuador von 2015 zeigt, das besagt, dass Jugendliche von klein auf eine hochwertige Ernährung brauchen, da sie dort zum ersten Mal ihre Fähigkeit entwickeln, zu verstehen, was sie umgibt. Auf diese Weise wird die Ernährung mit dem Plan für ein gutes Leben in Ecuador in Einklang gebracht.

Es sei darauf hingewiesen, dass das Ziel des Gesundheits- und Ernährungsprogramms darin besteht, durch die Förderung gesunder Verhaltensweisen zur Verbesserung und Entwicklung der Gesundheit von Kindern und Müttern von der Schwangerschaft bis zur Adoleszenz beizutragen.

Laut dem Gesundheits- und Ernährungsprogramm sind seine Ziele die Verringerung des niedrigen Niveaus der Unterernährung bei Jugendlichen durch Schwangerschaft und Stillen, die Förderung von Programmen, die die Interessenvertretung in der öffentlichen Politik oder Allianzen und die Wissensgenerierung auf globaler Ebene durch den Austausch von Wissen in anderen Ländern beinhalten. Dies richtet sich in erster Linie an junge Menschen, die in extremer Armut oder in Randgebieten leben.

**Messung des Ernährungszustands zum Zweck von
Studien zur Lebensmittelsicherheit und Ernährung**

Die Messung des Ernährungszustandes ist für die Vfctor Emilio Estrada Educational Unit wichtig, weil damit interessante Faktoren in der Ernährung entdeckt werden, die zur Verbesserung der Ernährung bei Jugendlichen beitragen können. Bei dieser Vermittlung bildet der Ernährungsstatus Nährstoffe, die zur Verbesserung der Qualität der schulischen Leistungen bei den Schülern eingesetzt werden können, ohne auf pharmazeutische Medizin zurückzugreifen.

Permas, Y. (2012) Adressen:

Die Frage des Olivenöls als eines der Elemente, die die soziokulturelle Identität Spaniens definieren, unter dem Gesichtspunkt seiner Anwendung Die Aufmerksamkeit, die diesem mediterranen Produkt in den Handbüchern und Materialien der ELE gewidmet wurde, ist eher spärlich, trotz seiner unbestrittenen kulturellen Bedeutung und seines großen Potenzials als Element, in dem mehrere Aspekte von günstigem Interesse zur Förderung der kommunikativen Kompetenz des Schülers zusammenlaufen. (p.13)

Laut Pernias sind die wenigen Informationen, die viele Länder über den natürlichen Nährstoff Olivenöl haben, nicht öffentlich bekannt, was darauf hindeutet, dass dieses Produkt den Schülern hilft, ein hohes Potenzial zu haben, zu kommunizieren und bessere akademische Leistungen zu erbringen.

Prävalenz eines niedrigen Body-Mass-Index (BMI) bei Erwachsenen oder Heranwachsenden

Daher ist dies ein Faktor, der nicht vernachlässigt werden darf und durch ständige Messungen in den Bildungseinrichtungen kontrolliert werden sollte, um eine gute Gesundheit zu gewährleisten.

Tacuri, L. & Tacuri, A. (2010) Erwähnung:

Die Forschungsarbeit weist darauf hin, dass Mangelernährung die physische und psychische Entwicklung beeinträchtigt und Komplikationen wie hormonelle Veränderungen, Ausbleiben der Menstruation bei Jugendlichen, verminderte Mineralisierung der Knochendichte und Konzentrationsschwierigkeiten mit sich bringt; als Folgen im Erwachsenenalter treten Krankheiten wie Diabetes, Bluthochdruck, Herzprobleme und andere auf. (p.3)

Die Autoren weisen darauf hin, dass nach den Forschungsarbeiten, die sie durchgeführt haben, übergewichtige und untergewichtige Schüler im Kanton Cuenca Überwachungsmaßnahmen und Ernährungsberatung sowie Ernährungssicherheit für ein besseres Wachstum und eine angemessene Gesundheit für jede Person erfordern.

Einfluss des Ernährungsfaktors

Der Faktor Ernährung beeinflusst die Jugendlichen in ihrer Ausbildung und akademischen Leistung, weil der Mangel an angemessener Ernährung bewirkt, dass die Schüler eine Unterernährung und spezifischen Mangel an Eisen, Vitaminen, Kalzium unter anderem haben, sollten die Jugendlichen ernährungsphysiologisch hohe Priorität in Gesundheits-und Ernährungsprogramme betrachtet werden.

Holgun, S. & Pozo, L. & Billon, C. (2014) mention:

Die Ernährungsfaktoren und ihr Einfluss auf die schwachen schulischen Leistungen der Jugendlichen der Bildungseinrichtung Palmar Santa Elena weisen darauf hin, dass der Faktor der schwachen schulischen Leistungen durch verschiedene Faktoren unterschiedlicher Art bedingt ist, und in diesem Fall durch den Ernährungsfaktor, der laut Weltgesundheitsorganisation offensichtlich ist, dass die Jugendlichen der Bildungseinrichtung nicht von einem unangemessenen Ernährungsungleichgewicht ausgenommen sind. Sie sind mangelhaft ernährt und übergewichtig, weil der institutionelle Bereich keine Strategien entwickelt hat, um den Schülern beizubringen, wie sie sich richtig ernähren sollen (S.146).

Die Autoren verweisen auf den Mangel an Ernährungswissen und die geringe Bedeutung, die diesem in der genannten Schule beigemessen wird, was zu einer hohen Übergewichtsrate bei den Schülern, Unterernährung und schlechten Schulleistungen führt.

Beachtung des Ernährungsfaktors

Die Beachtung des Ernährungsfaktors bei Schülern ist von großer Bedeutung, da in ihrer Wachstumsphase viele physiologische Veränderungen stattfinden, die sie ihr ganzes Leben lang beeinflussen werden. Dieses Thema ist für die Bildungsbehörden von besonderem Interesse, denn wenn sich ein Jugendlicher nicht gesund ernährt, wird sich dies im Klassenzimmer durch schlechte schulische Leistungen oder mangelnde Konzentration im Unterricht bemerkbar machen.

Moreno & Galiano, M. Segovia. (2015) stellt fest, dass:

In ihrer Forschungsarbeit "über die Ernährung von Jugendlichen, die dauerhafte Auswirkungen auf die kognitive Entwicklung hat und zu einer verminderten Lernfähigkeit, schlechterer Konzentration und schlechteren schulischen Leistungen führt" (S.5).

Daher weisen die Autoren darauf hin, dass schlechte Ernährung ein Faktor ist, der beim Schüler vorhanden ist, weil er dadurch nicht richtig lernen, sich im Unterricht nicht konzentrieren und keine guten schulischen Leistungen erbringen kann. Im Laufe seines Lebens wird ein Jugendlicher mit verschiedenen Problemen konfrontiert, die alle auf eine schlechte Ernährung zurückzuführen sind. Die Probleme, die sich im Laufe der Zeit entwickeln, werden erst nach vielen Jahren bemerkt.

Unterstützung des Ernährungsfaktors

Die Veränderungen, die die Regierung in Ecuador im Hinblick auf die Ernährung der Bevölkerung herbeiführen will, haben eine positive Richtung eingeschlagen, indem sie in Maßnahmen zur Lebensmittelsicherheit investiert, wie z. B. die Angabe der Zucker-, Fett- und Salzmenge auf Lebensmitteln, damit die Verbraucher wissen, was sie zu sich nehmen. Auf diese Weise können die

Verbraucher den Verzehr von Produkten vermeiden, die nicht gut für ihre Gesundheit sind. Diese Änderungen werden auch für die Bildungseinrichtungen gelten, da die Regierungsentscheidungen auf nationaler Ebene getroffen werden und die Einrichtungen die Kontrolle darüber ausüben müssen, was in ihnen verzehrt wird.

Acurio, D. (2013) stellt fest, dass:

Veränderte Essgewohnheiten, insbesondere der erhöhte Konsum von verarbeiteten Produkten mit geringem Nährwert und hohem Fett-, Zucker- und Salzgehalt, haben zusammen mit einem geringen Maß an körperlicher Betätigung zu einer Zunahme von Übergewicht und Fettleibigkeit sowie chronischen, nicht übertragbaren Krankheiten geführt. Ecuador hat erhebliche Fortschritte im Kampf gegen die Fehlernährung gemacht, insbesondere durch Maßnahmen zur Gesundheitsförderung und Regulierung, die Umsetzung von Programmen für gesunde Schulmahlzeiten, die Einführung der Nährwertkennzeichnung und die Kontrolle von verarbeiteten Lebensmitteln. Ziel dieser Maßnahmen war es, die Förderung einer gesunden Ernährung zu intensivieren und den Verzehr von Lebensmitteln mit hohem Fett-, Salz- und Zuckergehalt zu verhindern (S.2).

Folglich hat der Autor Minister für Gesundheit zu dieser Zeit im Namen von Dr. Carina Vance auf der Grundlage von Studien und Daten aus der National Health and Nutrition Survey festgestellt, dass es eine Veränderung der Essgewohnheiten in der nationalen Bevölkerung und eine Zunahme des Verbrauchs von Produkten mit hohem Zucker, Salz und Fetten, Dies hat die Bevölkerung im Allgemeinen und speziell Studenten zu Übergewicht und Adipositas und chronischen nicht übertragbaren Krankheiten verursacht, in Ecuador wird dieses Problem mit Masse Unterrichtspraktiken und Gesundheitsförderung als Regulierungsmaßnahme auch die Umsetzung von gesunden Mahlzeiten Programme in Bildungszentren im Allgemeinen verhindert.

Nährstoffbasierte Strategien für das Lernen.

Die Strategien, die auf dem Ernährungsfaktor für das Lernen beruhen, richten sich danach, wie der Schüler im täglichen Leben ernährt wird. Ein Schüler, der nicht gut ernährt ist, ist notorisch unzureichend in seiner Leistung beim Lernen im Klassenzimmer und in allen Bereichen, die ein Schüler braucht, um eine gute Leistung zu erbringen, man wird eine körperliche Abnutzung feststellen, keine Kraft, keine Lust zu lernen, da das Gehirn die notwendigen Nährstoffe braucht, um die Bedürfnisse des Schülers zu erfüllen.

Baras, M. (2015) erwähnt dies:

Die Ernährung trägt zu einer guten Entwicklung des Lernens bei, da die

Handlungen und Einstellungen des Kindes und des Jugendlichen mediale Eigenschaften sind, die bestimmen, ob das Subjekt die verschiedenen akademischen Aktivitäten mit Anstrengung und Ausdauer durchführt. Obwohl das Material und die Bildungsressourcen die Inzidenz im bedeutenden Lernen markieren, regiert auch die gute Ernährung in der emotionalen Entwicklung und in der körperlichen Abnutzung des Schülers, da dieser mit verschiedenen Situationen konfrontiert wird, in denen das Gehirn bestimmte Mengen an Nährstoffen ausgibt, die der Körper während des Tages abbaut. (p. 76)

Schließlich weist der Autor darauf hin, dass die Strategien für das Lernen sind in der Art und Weise der Schüler ernährt wird, so dass die Ernährung muss von guter Qualität und vor allem konstant, so dass der Schüler hat die notwendigen Nährstoffe, um alle seinen Körper, und sein Gehirn vor allem in das Lernen zu leisten, ist es nutzlos, alle Ressourcen zu arbeiten, wenn er nicht das Gefühl, gut und ist nicht in der Stimmung für alles.

Vorteile des Nutritional Factors

Die Vorteile des Faktors Ernährung sind gegeben, wenn der Schüler in einem frühen Alter lernt, sich um ihre Essgewohnheiten zu kümmern und so Krankheiten und hormonellen Veränderungen vorzubeugen, die sie manchmal physisch, psychisch und emotional beeinträchtigen, so dass man sich besonders um die Ernährung kümmern muss.Eine der Krankheiten, die Jugendliche podnan entwickeln, ist Anämie, aufgrund von Nährstoffmangel und unzureichender Ernährung, weil in diesem Alter der Körper alle Nährstoffe für eine normale Entwicklung braucht. Während der Adoleszenz gibt es zahlreiche physische und psychische Veränderungen, und Anämie ist eine der häufigsten Krankheiten, die Jugendliche entwickeln können.

Die richtige Ernährung ist der Schlüssel, um den besonderen Bedürfnissen dieses Lebensabschnitts gerecht zu werden und Essstörungen vorzubeugen.

Rodnguez (2015) stellt fest, dass:

Es ist ein sehr wichtiges Thema, den Schülern zu erklären, wie sie sich ernähren sollen, was sie essen sollen und wie viele Mahlzeiten sie zu sich nehmen müssen. Die Folgen einer schlechten Ernährung, wenn wir dies nicht tun, kann der Schüler zu Krankheiten wie Anorexie, Bulimia nervosa, Missbildung der körperlichen

Entwicklung führen, in diesem Teil müssen wir erkennen, dass jeder Schüler ist anders als ein anderer durch Gewicht, Größe, Alter oder Geschlecht, all dies muss in der Zeit zu führen berücksichtigt werden. (p.5)

Ernährungswissenschaftliche Argumentation

Zwischen dem zwölften und vierzehnten Lebensjahr ist die Ernährung von Jugendlichen von vielen Veränderungen begleitet. Für eine normale Entwicklung in all ihren physischen, psychischen und emotionalen Aspekten ist eine angemessene Ernährung notwendig, da in diesem Alter wichtige Veränderungen eintreten und sie allmählich beginnen, ihre eigenen Entscheidungen zu treffen, und bei dieser Veränderung sollte eine gute Ernährung von den Erwachsenen vermittelt werden, da sie die Ratgeber oder Vorbilder sind.

Die ersten Jahre der Pubertät sind eine Zeit, die von vielen körperlichen, geistigen, emotionalen und sozialen Veränderungen geprägt ist. Mit dem Beginn der Pubertät treten hormonelle Veränderungen auf. Bei den meisten Jungen beginnt die Behaarung in der Öffentlichkeit und im Gesicht, und ihre Stimme wird tiefer. Bei Mädchen erscheinen die Schamhaare, die Brüste wachsen und die Menstruation setzt ein. Diese Veränderungen und die Art und Weise, wie sie von anderen wahrgenommen werden, können für Heranwachsende ein Grund zur Sorge sein. Pernias (2015).

Zusammenfassend lässt sich sagen, dass die Ernährung auf die Veränderungen bei Heranwachsenden abgestimmt ist, da es in den ersten Lebensjahren sehr wichtig ist, sich angemessen zu ernähren, um spätere gesundheitliche Probleme zu vermeiden.

Verfahren für den Erwerb einer angemessenen Ernährung

Der Prozess der Ernährungserfassung bei Jugendlichen oder anderen Menschen ist eine kontinuierliche Vorbereitung, die in der Regel immer von Fachleuten für Ernährungsgesundheit geleitet wird, aber immer darauf ausgerichtet ist, Barrieren zu überwinden, die diHcile zu sein scheinen, und mit Hingabe zu erreichen, diese Barriere zu brechen, um ein positives Ziel zu erreichen, nämlich einen gesunden Körper und Geist zu haben.

Gonzalez, M. (2015) weist darauf hin, dass:

Ernährungscoaching ist ein Spezialgebiet, das sich darauf konzentriert, Menschen dabei zu helfen, ihre Ziele in Bezug auf Ernährung, Gesundheit und Lebensqualität zu erreichen, und Studenten zu unterstützen, die tagtäglich an diesem Prozess beteiligt sind. Die Welt der Gesundheit, Ernährung und Diätetik braucht ausgebildete Fachleute, die auf neue Paradigmen reagieren. Coaching ist eine dauerhafte Spezialität, die den Weg zum Erreichen von Zielen erleichtert und die Hindernisse beseitigt, die dem Erreichen dieser Ziele im Wege stehen. (p.2)

Gonzalez erwähnt daher, dass Ernährungscoaching ein Fachgebiet ist, das sich darauf konzentriert, Jugendlichen oder Menschen im Allgemeinen zu helfen, sich mit Hilfe von Fachleuten diszipliniert vorzubereiten, um ein Ziel zu erreichen. Besonders

Menschen, denen es unmöglich ist, etwas zu erreichen, was sie sich vorgenommen haben.

Ernährung von Schülern der achten bis zehnten Klasse

Das Schulspeisungsprogramm ist ein Programm, das von der nationalen Regierung festgelegt und von der zuständigen Stelle, dem Bildungsministerium, koordiniert wird. Dieses Programm deckt Kinder in der Anfangs- und Grundstufe ab und besteht darin, die Kinder mit Milch und Keksen zu versorgen. Diese Lebensmittel sowie die Lebensmittel, die die gesetzlichen Vertreter den Schülern schicken, ergänzen die mechanische Energiemenge, die sie benötigen. Dieser Faktor ist psychosensorischer Art, weil der Schüler beginnt, sich als Erwachsener zu fühlen, und daher auch sein Verhalten, er will unabhängig sein, und in seiner Art, unabhängig zu sein, will er nicht länger Essen von zu Hause mitnehmen, um sich zu erholen, wenn er nicht ein tägliches Taschengeld für sein Essen will, in einigen Fällen gibt es dieses Taschengeld aus verschiedenen wirtschaftlichen Gründen der Eltern nicht, was dazu führt, dass der Schüler in der Schule wenig oder schlecht isst. Dies führt dazu, dass die schulischen Leistungen abnehmen, weil der Körper nicht genügend Nährstoffe erhält, die ein Produkt der körperlichen und geistigen Aktivität des Schülers sind.

Nationale Realität bei der Verwendung des Faktors "Ernährung

Die nationale Realität in Bezug auf die Verwendung des Faktors Ernährung bei Jugendlichen ist sehr komplex, da sie sich in einem Alter befinden, in dem sie selbst entscheiden, wie sie sich ernähren, was in einigen Fällen schädlich und in anderen vorteilhaft sein kann, was zu einigen psychologischen, sozialen, hormonellen und lernbedingten Veränderungen führt.

Ortiz, A. & Pereyra, I. (2015) erwähnen dies:

Die Adoleszenz ist ein entscheidender Lebensabschnitt, der in Ecuador mit vielfältigen biologischen, sozialen, kognitiven und psychologischen Veränderungen einhergeht. Diese sind mit Sehnsüchten, Unsicherheiten und Hoffnungen verbunden. Da es sich um einen Prozess handelt, der aus verschiedenen Perspektiven ständig neu gestaltet wird, handelt es sich um eine interne und disziplinäre Debatte (S.97).

Daher weisen die Autoren darauf hin, dass die nationale Realität bei Jugendlichen komplizierter ist, weil sie viele Veränderungen mit sich bringt, die dem Jugendlichen nützen oder schaden können. Alles hängt davon ab, wie der Schüler ernährt wird, und Studien in Ecuador zufolge haben 89 % der Jugendlichen keine guten Ernährungsgewohnheiten, was zeigt, dass Jugendliche in hohem Maße unterernährt sind.

Erläuterung der kognitiven Ebene

Die Erklärung der kognitiven Ebene besteht in der Erkenntnis, dass der Schüler seine eigene Identität und sein Wissen auf evolutionäre Weise entwickelt, wobei der Heranwachsende abstrakte und logische Ideen entdeckt, in denen er beginnt, detaillierter zu denken, zu argumentieren und seine eigenen Schlussfolgerungen zu ziehen, wobei er manchmal das Wissen anderer in Frage stellt und das seine als sicher einstuft.

Jugendliche sind sich ihrer eigenen Ideen bewusster, was es ihnen ermöglicht, fundiertere Ideen zu entwickeln und Entscheidungen zu treffen. Die Vertiefung des abstrakten, idealistischen und logischen Denkens ermöglicht es ihnen, fundiertere und effektivere Entscheidungen zu treffen.

alternative Lösungen für Probleme zu finden, es erhöht auch die Perspektivenübernahme, die es ihnen ermöglicht, den Standpunkt des anderen schneller zu erkennen, Jugendliche neigen dazu, die Moral von Familienmitgliedern zu hinterfragen, sie zeigen eine bessere Analyse von Problemen und folgen einem kritischen Denken, wodurch sie an Unabhängigkeit gewinnen. Flores (2015).

Schließlich sind sich die Jugendlichen gemäß den oben genannten kognitiven Prozessen ihrer eigenen Handlungen bewusster, was es ihnen ermöglicht, klarere Ideen zu haben, besser geformte Konzepte zu entwickeln, andere schneller zu verstehen, die im Unterricht verwendete Sprache leichter zu verstehen, ihre eigenen Kriterien zu entwickeln, von denen sie glauben, dass sie oft richtig sind.

Die kognitive Achse verstehen

Das Verständnis der kognitiven Achse besteht darin, zu verstehen, wie sich der menschliche Verstand entwickelt, je nach Alter, in dem er sich befindet, besteht auch darin, bestimmte Themen zu verstehen, spontan zu argumentieren und andere auf mechanische Weise, wo die kognitive Achse nicht angemessen ist, muss der Schüler, wenn er diese Achse entwickelt hat, argumentieren und verstehen, was er erklären oder sagen will, ohne Probleme zu haben.

In der Phase der formalen Operationen beispielsweise, die aus der Fähigkeit zu verstehen besteht, ist der Prozess des Wissenserwerbs und der kognitiven Reife im Alter von 11 bis 15 Jahren, der Einzelne beginnt, die Fähigkeit zu entwickeln, geistige Aufgaben auszuführen, für die er denken muss, um Hypothesen zu formulieren und die Lösung von Problemen zu erreichen. Es beginnt, sich für menschliche Beziehungen und die eigene Identität zu interessieren. Castillo (2015).

Schließlich nach der Zeit der formalen Operationen Jugendliche, die im Alter von elf und fünfzehn Jahren sind, entwickeln komplexe ist, wo die Fähigkeiten und Fertigkeiten zu verstehen, in einer klareren Art und Weise die Dinge, die Interesse an Beziehungen zu anderen Menschen zu entdecken und ihre eigene Identität zu finden scheinen.

Lernschwierigkeiten

Die Lernschwierigkeiten sind vielfältig, aber in diesem Fall haben wir die Legasthenie berücksichtigt, da es sich um ein Thema handelt, über das in den Bildungseinrichtungen wenig oder gar nicht gesprochen wird und das die Ursache dafür ist, dass die Schüler schlechte schulische Leistungen erbringen, weil sie nicht gut lesen oder schreiben können, was dazu führt, dass sie nicht qualitativ hochwertig und unzureichend lernen und dass sich dieser Mangel im Jugendalter fortsetzt, was dazu führt, dass ihr Verständnisniveau nicht optimal ist. Wenn Kinder zum Beispiel früh lesen und schreiben lernen, verwechseln sie häufig den Buchstaben b mit dem Buchstaben d oder 6 mit 9 und verwechseln auch andere Wortarten.

Es ist wichtig klarzustellen, dass es sich hierbei nicht um ein Sehproblem handelt, sondern um ein Problem des Gehirns, das die Informationen umkehrt oder verändert. Der Verstand identifiziert das Wort, "das er sieht", richtig, aber es braucht Zeit, um es mit seiner Bedeutung in Verbindung zu bringen; Jugendliche, die dieses Problem haben, lesen sehr langsam und müssen möglicherweise mehrmals lesen, um ein Thema zu verstehen. Moreno (2015).

Auf der Grundlage des obigen Zitats können wir feststellen, dass Legasthenie als ein Problem für das Lernen von Kindern und Jugendlichen definiert wird, das es ihnen nicht erlaubt, gut zu lesen oder sich zu konzentrieren, verzögert auf Fragen zu antworten und andere nicht klar zu verstehen, sogar Schwierigkeiten beim Sprechen und Interagieren zu haben. Es wird immer darauf hingewiesen, dass es nichts mit dem Sehvermögen zu tun hat, sondern dass das Gehirn Zeit braucht, um die von der Person gesendeten Informationen zu verändern.

Aktive Lerntechniken auf kognitiver Ebene

Die aktiven Lerntechniken der kognitiven Ebene bestehen darin, dass der Mensch seine eigene Lernhaltung entwickelt, seine Emotionen gegenüber anderen kontrolliert und in der Lage ist, Gefühle bei sich selbst und bei anderen zu erkennen. Der Heranwachsende ist nicht darauf beschränkt, mehr kognitive Fähigkeiten zu entwickeln, diese werden manchmal von seinen Verwandten geerbt.

Castillo, Y. (2015) weist darauf hin, dass:

Das menschliche Geschlecht ist mit verschiedenen Merkmalen ausgestattet, die es von anderen Lebewesen unterscheiden. Es besitzt eine einzigartige Fähigkeit, Emotionen auszusenden, Gefühle in sich selbst und in anderen zu erkennen und sie in der Zusammenarbeit mit anderen zu steuern. Er beschränkt sich nicht auf die Entwicklung seiner kognitiven Fähigkeiten, die oft genetisch vererbt werden, sondern geht darüber hinaus, indem er versucht, sich an die ihn umgebende Umwelt und die in ihr auftretenden Veränderungen anzupassen. Der Erfolg im Leben, so zeigen die letzten Studien über die Intelligenz des Menschen, wird erreicht, wenn man ein hohes Maß an emotionaler Intelligenz besitzt, nicht weil man einen Universitätsabschluss hat, sondern weil die emotionalen Fähigkeiten in hohem Maße die berufliche Entwicklung des Einzelnen garantieren. (S.1)Der Autor stellt fest, dass Jugendliche mit vielen Fähigkeiten ausgestattet sind, um alles zu entwickeln, was sie wollen, sie können sogar Emotionen ausstrahlen und erkennen andere, er ist in der Lage, Arbeit zu organisieren und führen viele auf einmal, kämpft unermüdlich, um das Ziel zu erreichen, aus diesem Grund die aktive Lerntechniken auf sich selbst angewiesen, um sich selbst zu erreichen, was vorgeschlagen wird, osea ist in der Lage, alles, es ist nur in der Befreiung des Gehirns und bringen das Leben zu verbessern.

Faktoren, die mit der Verbesserung des Lernens auf kognitiver Ebene verbunden sind
kognitive Ebene

Die damit verbundenen Faktoren zur Verbesserung des kognitiven Lernens sind vor allem die Familie, da sie die Quelle für die kognitive Entwicklung ist, und zwar so, dass der Schüler, der ermutigt oder entmutigt wird, je nachdem, was die Familie ihm vermittelt, es auch erhält; wenn die Familie ihn dazu anregt, im Leben ein Profi zu sein, wird er es sicher auch werden, und das Gleiche passiert, wenn sie das Gegenteil tut. Die Familien von Schülern, deren Eltern glauben, dass sie eine höhere Bildung erreichen werden, haben höhere akademische Leistungen. Umgekehrt zeigen die Schüler höhere Leistungen, wenn die Eltern sie darauf aufmerksam machen, ihnen gratulieren oder sie für ihre Noten unterstützen, Cortinas (2015).

Die Familie ist die Grundlage für die Entwicklung des Heranwachsenden. Wenn sie ihn bei seinen Schularbeiten beaufsichtigt, wenn sie seine Hausaufgaben kontrolliert, ihn für etwas beglückwünscht, das er richtig gemacht hat, ihm das Lesen als tägliche Übung beibringt und ihn dazu anregt, sich weiterzubilden, wird er bessere schulische Leistungen erbringen.

Anerkannte Faktoren beim Lernen auf kognitiver Ebene

Die Faktoren, die auf der Ebene des kognitiven Lernens anerkannt werden, sind wichtig für die Entwicklung des Heranwachsenden. Wenn er aufwächst, ohne genügend Emotionen zu erleben, wird er viele Schwierigkeiten haben, sich an die Gesellschaft anzupassen, deshalb sind die anerkannten Faktoren, Emotionen zu erleben, die gut oder schlecht sein können, abhängig von ihnen wird der Heranwachsende darauf vorbereitet sein, kognitives Lernen innerhalb einer Gesellschaft zu entwickeln. Es zeigt, dass emotionale und kognitive Intelligenz dazu dienen, ihr Wissen zu nutzen und alles zu entwickeln, was mit dem Lernen kognitiver und emotionaler Intelligenz zusammenhängt. Castillo (2015).

Die Autorin erwähnt, dass die Entwicklung der kognitiven emotionalen Intelligenz dem Heranwachsenden dazu dient, sich in der Zukunft zu entwickeln, da laut der Autorin ein Abschluss keine Garantie für eine vielversprechende Zukunft ist, jede Person wird an ihren Einstellungen und Fähigkeiten, ihrer Ernsthaftigkeit gemessen, das Ziel, das vorgeschlagen wird, ist das, was das kognitive Niveau misst, ist, wie es sich mit ihrer Intelligenz und ihrem Wissen entwickelt.

Beweise für die nationale Realität des Kognitivismus.

Der Beweis für die nationale Realität des kognitiven Niveaus findet sich vor allem in der Art der Ernährung, dem sozialen Umfeld und dem wirtschaftlichen Niveau der Familie. Wenn eine Familie nicht über die notwendigen Mittel für eine korrekte nahrhafte Ernährung verfügt, hat sie wenig Chancen, ein entwickeltes kognitives Niveau zu haben, da es an Nährstoffen mangelt, die nicht ausreichen, um das Gehirn mit Sauerstoff zu versorgen.

Moreno, M. (2010) weist darauf hin:

Chronische Unterernährung ist eine der schwerwiegendsten Formen von Armut, sie beeinträchtigt die Entwicklung der kognitiven Fähigkeiten von Kindern und Jugendlichen, die Entfaltung ihres Potenzials und damit ihr Lernen auf kognitiver Ebene (S.1).

Schließlich weist der Autor darauf hin, dass Unter- und Fehlernährung Faktoren sind, die die kognitive Entwicklung behindern, wobei er berücksichtigt, dass Armut einer der Faktoren ist, die die Entwicklung des kognitiven Niveaus behindern, und wenn dies mit der schlechten Ernährung des Schülers kombiniert wird, führt dies zu Schäden am Gehirn und am kognitiven Niveau der Person.

Erfahrungen mit dem Kognitivismus in der Bildung

Die Erfahrung der kognitivistischen Ebene besteht darin, eine Ordnung in den Prozess zu bringen und eine Arbeitsstrategie zu finden, bevor man mit etwas beginnt, um eine sichere und gut gemachte und geordnete Arbeit zu bekommen, die den Stress und die Frustration, die Arbeit nicht gut gemacht zu haben, beiseite lässt.

Domes, A. & Cortinas, M. (2015).

Die Autoren weisen darauf hin, dass der Jugendliche, um eine soziale, mathematische oder andere Aufgabe zu erfüllen, sich vorbereiten muss, indem er Strategien sucht und sie so anordnet, dass es ihm nicht schwer fällt, etwas zu tun, da er frei von Stress und Nervosität, ruhig und nicht übermäßig ermüdet und sicher ist. (p.12).

Die Bewertung von Schülern mit besonderem pädagogischen Förderbedarf Unterstützung

Die Bewertung des Schülers mit besonderen Bedürfnissen soll jedem Schüler helfen, der eine intellektuelle, sensorische, körperliche, motorische, allgemeine Störung, mangelndes Wissen, eine sprachliche oder psychologische Behinderung hat. Ecuador hat sich mit dem Ministerialabkommen Nr. 0061 zum Ziel gesetzt, Schülern zu helfen, die in irgendeiner Weise eine der oben genannten Fähigkeiten entwickeln. Dieses Abkommen wurde am 6. April in Quito unterzeichnet und basiert auf dem Wissen um die Schwierigkeiten beim Zugang zum Lernen während der Schulzeit als Folge von zu erwartenden Lernschwierigkeiten, Anfälligkeit und Hochbegabung.

Durch ein Ministerialabkommen legt Ecuador die Lehrplananpassung für

Schüler fest, die aus unterschiedlichen Gründen Lernprobleme entwickeln, und sucht nach Strategien zur Lehrplananpassung je nach Bedarf.

Kriterien für die Ausarbeitung eines interaktiven Multimedia-Guides

Die Kriterien für die Entwicklung eines interaktiven Multimedia-Leitfadens sind mehrere, unter den wichtigsten ist die visuelle Hilfe, q durch eine geeignete Struktur des Leitfadens und mit den richtigen Farben und Schattierungen, um die Aufmerksamkeit des Schülers zu gewinnen, ist die Dynamik ein weiteres Kriterium berücksichtigt, für die Schüler zu interagieren und ein besseres Lernen oder schließlich gibt es den technologischen Faktor, der durch Computer-Ressourcen macht den Unterschied zwischen einem gedruckten Führer und durch eine Software.

Pereira, Angel (2012) stellt fest, dass:

Diese Ressource bietet technologische und methodische Leitlinien, die jede Lehrkraft als Fahrplan und Referenzquelle für die Erstellung ihrer eigenen Materialien nutzen kann. Ziel ist es, den Lehrern ein vollständiges und gleichzeitig offenes und anpassungsfähiges Erstellungsmodell anzubieten. Der Leitfaden ist ein multimedialer Stilleitfaden, in dem alle Kriterien für die Erstellung ihrer Materialien zusammengefasst sind. Die verschiedenen Abschnitte bieten praktische Informationen für die Erstellung von Unterrichtsmaterialien. Die Entwicklung des Leitfadens verlief parallel zum Prozess der Erstellung der ersten Open Educational Resources (S.21) und wurde von diesem unterstützt.

Schließlich weist der Autor darauf hin, dass für die Entwicklung eines interaktiven Multimedia-Leitfadens Ressourcen erforderlich sind, die technologische Methoden bieten, die für den Lehrer leicht zu verwenden und zu verstehen sind, da sie als Fahrplan und Referenz für die Erstellung seiner eigenen technologischen Ressourcen dienen.

Studentische Kompetenzen für die Tätigkeit eines Fremdenführers

Die Schülerkompetenz verändert die herkömmlichen Ansichten über die Art und Weise des Lernens und Lehrens, da der zentrale Aspekt nicht die primäre Anhäufung von Ernährungswissen ist, sondern die Entwicklung der Möglichkeiten, die jeder Einzelne besitzt, durch Wissensformeln und das Wissen, wie man das Gelernte weiterentwickelt. Persönliche Kompetenzen mit Kriterien für die Entwicklung eines interaktiven Leitfadens sind Sehschärfe , manuelle Geschicklichkeit, Arbeiten in Team, Zusammenarbeit, Sorge um Ordnung, Qualität und Präzision.

Villacres, M. (2014) stellt fest, dass:

Die persönlichen Kompetenzen des Schülers hängen von der Entwicklung der Fähigkeiten und der Schärfe des einzelnen Schülers ab, und zwar nach der richtigen Ernährung, die die Hauptquelle für die Entwicklung des Schülers ist. (p.91)

Interaktiver Multimedia-Leitfaden

Der interaktive Multimediaguide ist ein technologisches Medium mit Darstellungsparametern, die dank technologischer Hilfsmittel realisiert werden und dazu dienen, den Schüler auf unterhaltsame und dynamische Weise zu führen, indem sie eine Botschaft für den Unterricht und das Wissen des Zuschauers und Zuhörers darstellen. Das Medium ersetzt in vorteilhafter Weise eine andere, traditionell konzipierte Botschaft. Dieses Medium ist an den angesprochenen Inhalt angepasst. Die Länge des Videos ist auf das Publikum und den angesprochenen Inhalt abgestimmt. Das Medium lädt zur Verwendung von ergänzenden Materialien ein. Die durch die Links bereitgestellten Ressourcen unterstützen das Verständnis der Botschaft des Videos. Flores (2015).

Der Autor erwähnt in dem Zitat, dass der Leitfaden ein technologisches Medium ist, das heute aufgrund des Einsatzes von Computern in der Bildung verwendet wird und effektiver ist als das traditionelle Medium, das ein gedruckter Leitfaden ist. Ein effektives Medium, weil es interaktiv ist, d.h. es besteht eine Wechselbeziehung zwischen dem Führer und dem Schüler, wodurch das Lernen und die Kenntnisse verbessert werden. Der interaktive Multimedia-Leitfaden basiert auf der Entwicklung eines effektiven Lehrmediums, das Videos mit Informationen zum Thema, animierte Bilder und Gif-Bilder verwendet, um dem Leitfaden Interaktivität zu verleihen, das Thema mit Inhalten zu verstärken, eine Seite mit der anderen zu verknüpfen und einen Hauch von jugendlicher Harmonie zu vermitteln, damit die Schüler nicht ermüden oder sich langweilen.

Virtuelle interaktive Multimediasysteme (VMS) beziehen sich auf vollständig virtuelle Führer mittels mobiler Webanwendungen, und ihre Nutzung ist nicht komplementär, d. h. sie stellen selbst Inhalte bereit und es werden keine weiteren Ressourcen benötigt, um sie zu verstehen und zu nutzen. Flores (2015).

Das Multimediasystem wird als ein virtuelles Leitmedium betrachtet, das nicht viel projiziert werden muss, sondern nur Werkzeuge oder Anwendungen benötigt, um wissenschaftliche Erkenntnisse und Lehrinhalte auf effektive und leicht verständliche Weise zu vermitteln.

Grundstruktur eines interaktiven Multimedia-Guides

Die Grundstruktur eines interaktiven Leitfadens hängt davon ab, was Sie tun wollen, aber sie erfüllen einen grundlegenden Standard, der darin besteht, zu lehren, zu leiten, das Lernen und Wissen zu stärken.

Yucta, L. (2015) stellt fest, dass:

Die für die Erstellung des interaktiven Multimedia-Guides verwendeten Tools. Neobook, Xara Menu Maker zum Erstellen von Menüs auf einfache Weise, YouTube, mit dem Sie Videos in verschiedenen Formaten hoch- und herunterladen können, Logo Online zum Konvertieren, Audacity dient als Programm, mit dem Sie Audio in verschiedenen Formaten aufnehmen und bearbeiten können, WordPad ist ein einfacher Texteditor, mit dem Sie Dateien erstellen können.

(p. 67)

Der Autor weist darauf hin, dass es unzählige kostenlose Softwareprogramme gibt.

Sie werden als grundlegende Werkzeuge für die Ausarbeitung eines interaktiven Leitfadens verwendet. Jedes von ihnen hat seine erwarteten Eigenschaften für seine Verwendung.

Fundamente

Erkenntnistheoretische Grundlage

Die vorliegende Forschung basiert auf der Philosophie des Pragmatismus, gibt es Relevanz für die Imprägnierung von Wissen, das ist. hilft Studenten, Wissen zu erwerben, die in ihrem täglichen Leben und in der Bildung angewendet werden kann, daher ist dieses Projekt auf den Gedanken der modernen Semiotik von Charles S. Peirce (1939), Philosoph, Logiker und Wissenschaftler, Professor für Gastronomie und Mathematik an der Harvard basiert, wurde er als der Begründer des Pragmatismus, betonte er, dass Wissen in ihrem täglichen Leben und in der Bildung angewendet werden kann. Peirce (1939), Philosoph, Logiker und Wissenschaftler, Professor für Gastronomie und Mathematik in Harvard, galt als Begründer des Pragmatismus. Er betonte, dass Wissen als eine Methode zur Lösung von konzeptionellen Verwirrungen im Zusammenhang mit der Praxis verstanden werden kann, so können wir auf seine Relevanz für Studenten hinweisen, um in der täglichen Praxis den perfekten Weg zu kennen, ein angenehmes Wissen mittels eines interaktiven Ernährungsleitfadens und auf diese Weise Probleme zu lösen, die den Mangel an Konzentration bei Studenten befallen.

Pierce, CH. (1939) stellt fest, dass:

Dass die Wissenschaft einer allgemeinen Idee eine gewisse Einheit des Selbst in sich trägt, die identisch ist, wenn sie von einem Geist zum anderen übergeht. Sie ist daher einer Person recht ähnlich, und in der Tat ist eine Person nur eine besondere Art einer allgemeinen Idee. Die Idee gehört nicht zur Seele, sondern die Seele gehört zur Idee (S.12).

Pierces pragmatische und bahnbrechende Philosophie erklärt, dass die einzige Funktion, um klare Ideen zu haben, das Denken ist, das wir haben, um Überzeugungen zu produzieren und zu reproduzieren, und dass jede Überzeugung eine Regel ist, die uns zum Handeln dient, und dass die Ausübung des Denkens des Schülers diejenige ist, die Gewohnheiten im Handeln hervorbringt Pierces pragmatische Philosophie ist eine soziale Methode, weil sie auf die Wissenschaft und die philosophische und wissenschaftliche Erneuerung abzielt, da sie in der Lage war, Beweise aus dem Empirischen zu ziehen, so dass sie die Anliegen vieler Philosophen erreichte.

Aus diesem Grund hat das, was in der Praxis dieser Philosophie erreicht wird, einen direkten sozialen Ansatz. Das vorliegende Studienprojekt zielt auf die adäquate Nutzung der Ernährungsfaktoren ab und schlägt einen interaktiven Multimedia-Leitfaden vor, mit dem wir die Konfliktsituation abdecken, um die Qualität der Ernährung zu verbessern und einen signifikanten Fortschritt des Lernniveaus zu erreichen.

Die vorliegende Untersuchung stützt sich auf die pragmatische Philosophie des Wissenschaftlers William James (1842-1910), Absolvent der Medizin, Professor für Psychologie an der Harvard University, Philosoph, der den Pragmatismus auf ethischer Ebene systematisierte, der sich im Utilitarismus und im Handeln konkretisiert. Er hat eine individualistische Pädagogik ausgearbeitet, die für die Bildung des zukünftigen Menschen gedacht ist, in diesem Fall für die Schüler, die dazu bestimmt sind, Verhaltensgewohnheiten zu entwickeln, die auf biologischen Ressourcen basieren. Diese Philosophie hilft den Schülern, eine bessere

Ernährungsvision zu haben, die ihnen bei der zukünftigen beruflichen Tätigkeit helfen wird, da sie auf der Vorbereitung des Menschen als solchem basiert, diese Methode ist nicht auf die Befriedigung der materiellen Bedürfnisse des Menschen reduziert. Diese Methode ist vorteilhaft für die Verbesserung des Ernährungs- und kognitiven Niveaus der Schüler, da sie davon abhängt, wie die Ernährungsressourcen zum Nutzen des Menschen und für die Verbesserung des Lernens des Schülers in der Gesellschaft zu verwenden, um die erwarteten Ergebnisse in der Zukunft zu sehen.

James, W. (1842-1910) stellt fest, dass:

Die Handlung scheint dem Gefühl zu folgen, aber in Wirklichkeit gehen Handlung und Gefühl Hand in Hand; und indem wir die Handlung regulieren, die unter der direkteren Kontrolle des Willens steht, können wir indirekt das Gefühl regulieren, das nicht unter der Kontrolle des Willens steht, und das die Gemeinschaft ohne den Impuls des Einzelnen stagniert. Der Impuls des Individuums verschwindet ohne das Verständnis der Gemeinschaft (S.6).

Dieser Autor zeigt auf die Realität des Menschen im täglichen Leben, wie die Person vergisst, sich selbst zu sein und wenn alles, was wir können. Zu erkennen, weil alles mit dem Handeln und Handeln mit dem Fühlen verbunden ist, das heißt, alles liegt in unseren Händen, um erfolgreich zu sein, weil wir alle in einem sind, führt die Praxis die Person zur Entdeckung des Erfolgs im beruflichen Lernen und anderen Bereichen in der Gesellschaft, da die Gesellschaft der einzige Weg ist, um Erfolg zu erreichen.

Wir tun, wenn er stagniert Gesellschaft stagniert, wenn es keine richtige Ernährung wird bald die Lernleistung der Schüler, Lehrer und der Gemeinschaft im Allgemeinen zu senken. Dieser Autor zeigt den Weg zum Erfolg im Leben auf, indem er die vorhandenen Ressourcen nutzt und alles oben Gesagte in die Praxis umsetzt.

Der Pragmatismus-Ansatz hilft uns, für die Zukunft vorzubereiten, die Nützlichkeit und den Nutzen einer Entscheidung, die sehr erfolgreich sein kann für die Zukunft des Schülers, ist es vorteilhaft für den Schüler diesen Ansatz, wie es nährende philosophische und Ernährungswissen zu bauen Wissen beginnt, einen praktischen Sinn zu finden, was er lernt, die Dinge zu transformieren und bauen sie zu ihrem Nutzen.

Aus diesem Grund basiert das Forschungsprojekt auf Pragmatismus, denn der Schüler wird lernen, seine Essgewohnheiten und sein kognitives Niveau durch die Übung zu verbessern, die durch die Gestaltung eines interaktiven

Ernährungsratgebers ermöglicht wird, und folglich wird sich das kognitive Niveau des Schülers verbessern.

Pädagogische Grundlagen

Diese Forschung basiert auf der Pädagogik des Konstruktivismus, diese Pädagogik hilft dem Schüler, signifikante Veränderungen im Wissen auf der Grundlage von Praxis, Erfahrung, im Ernährungsfaktor zu entdecken, diese Pädagogik ist sehr erfolgreich wegen der Veränderungen, die nach dem, was Piaget erwähnt, die Veränderungen in der sensorisch-motorischen Entwicklung und konkrete und formale Denken in der Schüler erreicht werden.

Piaget (1935) erwähnt:

Für das Studium der älteren Kinder, zur gleichen Zeit, erhielt er mehr Mittel (das Labor für experimentelle Psychologie wurde geschaffen) und begann, mit Mitarbeitern (Szminska, Inhelde) die Veröffentlichung von Büchern auf drei Bücher von Problemen: die Entwicklung der Wahrnehmung, die Merkmale des Denkens über das Stadium der sensomotorischen, konkrete und formale Denken), die Entwicklung der infralogical Aspekte der Bewegung, Zeit, Geschwindigkeit, Raum, Geometrie (S.44).

Der Autor erwähnt, dass der Konstruktivismus ist eine der Strömungen, die auf Pädagogik basiert, wie in den veröffentlichten Bücher, die angegeben sind: Entwicklung der Wahrnehmung in der Schüler und die Merkmale des Denkens, um die Schüler mit den grundlegenden Werkzeugen, um den Aufbau von Wissen auf der Grundlage der Interaktivität, dass der Lehrer verwendet, um Intelligenz in der Schüler zu entwickeln, und ist nicht nur ein Zuschauer, sondern ein Autor, um eine wichtige Entwicklung in der Bildung zu erreichen.

In derselben konstruktivistischen Pädagogik heißt es, dass Wissen nicht aus der Umgebung reproduziert wird, sondern auf der Konstruktion von bereits im Voraus erworbenem Wissen beruht. Wissen ist keine Kopie der Realität, sondern eine Konstruktion, die aus ihr gemacht wird.

Lev Vygotsky (1934) stellt fest, dass:

Diese Intelligenz entwickelt sich auf der Grundlage bestimmter Instrumente oder psychologischer Werkzeuge, die das Kind in seiner Umgebung vorfindet, wobei die Sprache das wichtigste Werkzeug ist (S. 25).

Der Autor erwähnt, wie der Konstruktivismus im pädagogischen Lernen auf der täglichen Praxis in der Lebensweise in der Gesellschaft, in der er sich entwickelt, basiert, und gibt als Beispiel für den Aufbau des Lernens ein Lernspiel innerhalb einer Familie an, die aus denjenigen besteht, die dieses Spiel benutzen und schließlich durch die Praxis des Spiels lernen, was jedes Mitglied der Familie in der ihm entsprechenden Rolle tut. Jedem der oben Genannten wird das Wissen auf einfache und harmonische Weise lebendig vermittelt.

Es sollte beachtet werden, dass der Ansatz des Autors zeigt, wie der Schüler durch die Praxis lernt. Aus diesem Grund ist die Ernährung bei Studenten nicht nur zu lehren und dass alles in einem schriftlichen Dokument bleibt, ist diese Forschung geführt, um die Praxis der Ernährung Verbesserung zum Nutzen der Schüler und die Verbesserung des Lernens zu fördern.

Psychologische Grundlage

Die auf Vygotskys Psychologie basierende Forschung lehrt uns, wie die Psychologie den historischen Prozess betont, den der Schüler in der menschlichen und sozialen Kultur hat. Wenn eine Person etwas betont und berücksichtigt wird, wächst diese Idee signifikant, so dass das kognitive Niveau im Schüler entwickelt wird, was die Aktivität verbessert, da alle höheren psychologischen Funktionen als Beziehungen zwischen allen Menschen entstehen.

Vygotsky (1920) stellt fest, dass:

Die Intelligenz entwickelt sich dank bestimmter psychologischer Instrumente oder Werkzeuge, die das Kind in seiner Umgebung vorfindet, wobei die Sprache als grundlegendes Werkzeug angesehen wird. Diese Instrumente verbessern die geistigen Fähigkeiten wie Aufmerksamkeit, Gedächtnis, Konzentration usw. Auf diese Weise wird die praktische Tätigkeit, an der das Kind beteiligt ist, dank der Sprache, der Quelle der Begriffsbildung, in immer komplexere geistige Aktivitäten umgesetzt. Das Fehlen solcher Werkzeuge wirkt sich direkt auf das Niveau des abstrakten Denkens aus, das das Kind erreichen kann (S. 2).

Der Autor weist darauf hin, dass der psychologische Prozess auf der Grundlage der Werkzeuge in ihrer Umgebung entwickelt wird, ist die Sprache als grundlegend für die geistigen Fähigkeiten des Schülers sowie Gedächtnis, Konzentration und Aufmerksamkeit, wenn es in Betracht gezogen wird, wenn Sie positive Worte verwenden eine Person neigt dazu, in einer positiven Art und Weise zu ändern, so dass die kognitive Ebene des Schülers, oder wenn es das Gegenteil das gleiche geschieht.

Aus diesem Grund betrachtet Vygotsky die Umwelt, die den Schüler umgibt, als Hauptquelle für die Entwicklung der Intelligenz. Der Schüler lernt von allem, was ihn umgibt, er lernt von seiner Umgebung, wie er sich ernähren soll, basierend auf den Arten von Produkten und ihren jeweiligen Nährstoffen und Essgewohnheiten. Ziel dieser Forschung ist es daher, einen interaktiven Ernährungsratgeber zu entwickeln, der den Schülern auf praktische und sichere Weise helfen kann.

Auf der Grundlage von Piaget will die genetische Psychologie zeigen, dass die Untersuchung der Entwicklung der geistigen Funktionen des Kindes dazu beiträgt, eine umfassendere Erklärung des Wissens zu entwickeln oder zumindest einen Teil des Wissens zu entdecken. Im Zustand des Erwachsenen. Piaget (1972) erwähnt dies: Die genetische Psychologie besteht darin, die Psychologie des Kindes zu nutzen, um Lösungen für allgemeine psychologische Probleme zu finden. (p. 47).

Piaget erwähnt, dass die genetische Psychologie aus der Kindheit der Schüler kommt, als eine embryonale Matrix, die hilft, die Art des Lernens der gleichen oder zumindest einen Teil davon zu erkennen, auf diese Weise die allgemeinen psychologischen Probleme des Schülers zu lösen, die genetische Psychologie, dass dieser Autor weist darauf hin, macht Relevanz in der Art und Weise ein Kind gefunden wird, um dann am Ende die psychologischen Folgen der Jugendlichen bis zu seinem erwachsenen Stadium, und darauf hin, dass die Umgebung, in der der Schüler gefunden wird Relevanz hat.

Soziologische Grundlagen

Es ist von grundlegender Bedeutung, über die soziologischen Grundlagen zu sprechen, da es sich um eine Wissenschaft handelt, die den Menschen in seinem sozialen Umfeld untersucht. Aus diesem Grund kann man sagen, dass die Bildung, die wir anbieten, die gelehrten Werte bewahren muss, wobei sie als Instrument des Wandels für eine Gesellschaft dienen muss, die sich in einem ständigen Prozess der Entwicklung befindet.

In der soziologischen Grundlage wird der Vorschlag der Gestaltung eines interaktiven Multimedia-Guides umgesetzt, dessen Zweck es ist, die Qualität der akademischen Leistungen der Schüler zu verbessern, wobei als Modell die Methode der Hilfe für ihre Fähigkeit, die Bedürfnisse des persönlichen Lebens der Schüler zu verstehen und zu erfüllen.

Die Soziologie befasst sich nicht mit der Gesellschaft, sondern mit den verschiedenen Prozessen der Beeinflussung des Einzelnen und der Ausdehnung bzw. des Zusammenlebens auf die Gesellschaft, wobei sie von der Vorstellung ausgeht, dass der Mensch nicht nach eigenen Entscheidungen handelt, sondern unter der kulturellen Vorherrschaft der Gemeinschaft, in der er lebt, was in besonderer Weise zur Bildung beiträgt.

In der Bildung ist die Technologie in den Herausforderungen der Realität präsent, Technologien sind die neuen Herausforderungen, die in diese Gesellschaft integriert sind und die Verbesserung des Wissens fördern.

Dopico, J. (2012) stellt fest, dass:

Die heutige Gesellschaft, die so genannte Informationsgesellschaft, erfordert Veränderungen in den Bildungssystemen, damit diese flexibler und zugänglicher werden, weniger Kosten verursachen und den Bürgern zu jedem Zeitpunkt ihres Lebens zur Verfügung stehen. Um auf diese Herausforderungen zu reagieren, müssen die Bildungseinrichtungen ihre derzeitigen Referenzen überprüfen und innovative Erfahrungen in den durch die Informations- und Kommunikationstechnologien unterstützten Lehr-Lern-Prozessen fördern, und im Gegensatz zu dem, was wir zu sehen gewohnt sind, muss der Schwerpunkt auf dem Unterricht, auf Veränderungen in den didaktischen Strategien der Lehrer, auf den Kommunikationssystemen und der Verbreitung von Lernmaterialien liegen. (p.61).

Der Autor weist darauf hin, dass die heutige Gesellschaft durch den Einsatz neuer Informations- und Kommunikationstechnologien gekennzeichnet ist, was eine Reihe persönlicher, sozialer und beruflicher Kompetenzen erfordert, die es der Gesellschaft ermöglichen werden, sich in nicht allzu ferner Zukunft vollständig an diese Technologie anzupassen.

In der Gesellschaft sind technologische und wissenschaftliche Veränderungen von entscheidender Bedeutung und die Einbeziehung von Bildungszentren, da diese die ersten sein sollten, die technologische Veränderungen umsetzen, so dass der Lehrer die Arbeit der Ausbildung der Schüler in einer Weise entwickeln kann, dass sie Kanäle der Beteiligung sind, um die Entwicklung der Schülerschaft in der Gesellschaft zu erhöhen.

Hinojosa, C. (2011) erwähnt dies:

Bildung ist nicht irgendeine soziale Tatsache, sondern die Funktion der Bildung ist die Integration jeder Person in die Gesellschaft sowie die Entwicklung ihrer individuellen Potenziale, was sie zu einer zentralen sozialen Tatsache mit ausreichender Identität und Eigenart macht, um den Gegenstand einer spezifischen soziologischen Reflexion zu bilden (S.14).

Der Autor erwähnt, dass es vom Einzelnen persönlich abhängt, die Entwicklung seines Potenzials zu steigern, ohne dabei außer Acht zu lassen, dass diese Veränderung mit der Gesellschaft zusammenhängt und durch die Gesellschaft in ihren Veränderungen bedingt ist, jedoch in allgemeiner Form. Es ist Sache des Schülers selbst, sein Lernen zu entwickeln. Die soziale Realität hat auf allen Ebenen einen Wandel bewirkt, bei dem die bisherige Struktur durch eine neue ersetzt werden soll, die die Bildung innerhalb der Technologie auf positive Weise stärkt und auf diese Weise ihre Bedeutung innerhalb der Gesellschaft und in der Bildung unter Beweis stellt.

Technologische Grundlage

Die technologische Grundlage bei Jugendlichen sollte einen untersuchenden und erzieherischen Charakter haben, da wir im Zeitalter der Technologie des 21. Jahrhunderts leben, und die Gründe für den Einsatz von Technologie sind vielfältig, unter anderem die Bequemlichkeit und Leichtigkeit der Kommunikation. Der Staat führt eine Art technologischer Kommunikation zwischen dem Lehrer und dem gesetzlichen Vertreter ein, so dass der Vertreter mit dem Lehrer in Kontakt treten kann und somit die Noten der von ihm Vertretenen kennt. Es sei darauf hingewiesen, dass ein Schüler, der nicht von einem geschulten Erwachsenen beaufsichtigt wird, viele Probleme sozialer, psychologischer oder pädagogischer Art mit sich bringen kann, weil er von der realen Welt isoliert ist und sich nur der Technik widmet.

Pimentel, D. (2011) weist darauf hin, dass:

Der Einfluss der Technologie auf das Bildungsumfeld. Heutzutage haben die meisten Schüler Zugang zum Internet, egal ob sie einen Computer haben, sie können in ihrem Bildungszentrum oder mit einem Klassenkameraden darauf zugreifen und so Vorteile bei der Erledigung von Schularbeiten, der Suche nach Informationen und dem Gedankenaustausch mit anderen erhalten, mit denen die Schüler natürlich umgehen können.

Der Autor stellt fest, dass die Technologie oder das Internet heutzutage von allen Schülern genutzt wird, da sie in den Bildungszentren, zu Hause oder mit ihren Klassenkameraden Zugang dazu haben, da es von großer Bedeutung für die Bildung und das Wissen ist, und auf diese Weise das Lernen verbessert, da Videos verwendet werden, die von entscheidender Bedeutung für das Wissen sind. Denn es ist erwiesen, dass die Schüler durch visuelle Bilder und interaktive Videos, wie wir sie in der Unterrichtseinheit einsetzen werden, mehr lernen.

Auf der Grundlage der Forschung über IKT in der Bildung hat das Bildungsministerium in Ecuador 2013 die IKT in Bildungszentren eingeführt, um die Qualität des Unterrichts durch die Interaktivität von Schülern und Lehrern zu verbessern. In Bildungszentren soll die Qualität des Unterrichts durch die Interaktivität von Schülern und Lehrern verbessert werden, um das Wissen und die Lehre in der Bildung zu verbessern.

ICT (2015) in der Bildung erwähnt, dass:

Es handelt sich um Informations- und Kommunikationstechnologie, die im Bildungsbereich eingesetzt wird. Sie haben sich in verschiedenen Bereichen durchgesetzt. Im Bildungsbereich erleichtern sie die Vermittlung von Inhalten auf vielfältige, unterhaltsame und informationsreiche Weise durch Videos, Animationen, CD-ROMs, DVDs und andere. Bücher sind nicht mehr die Hauptquelle des Lernens, denn heutzutage kann das Material durch animierte Bilder, Töne und sogar PeKculas zum Leben erweckt werden, die Ereignisse, Handlungen oder komplette Prozesse beschreiben. (p.32)

Die WDVS haben eine große Auswirkung in der Ausbildung verursacht, die dem Schüler eine unendliche Anzahl von Themen zeigt, die vorher für die Zugänglichkeit fremd waren und für die Nachteile der technologischen wirtschaftlichen Art wichtige Errungenschaften für diese Fortschritte sind hinter der alten Modalität des traditionellen Unterrichts, der in Gelegenheiten keine günstigen Ergebnisse für den Schüler befürchtet.

Rechtsgrundlage
Der Verfassungsstaat Ecuador

Recht auf Nahrung.

Von den grundlegenden Freiheiten des Menschen.

Menschenrechte (1948)

In der Allgemeinen Erklärung der Menschenrechte und den internationalen Menschenrechtsforen wird darauf hingewiesen, dass in Ecuador im Jahr 1948 das Grundrecht auf Freiheit, Nahrung und Ernährung von Schülern festgelegt wurde. Auf diese Weise werden die Jugendlichen in der Ausbildung geschützt.

Kodex der Kindheit und Jugend in Ecuador

Gesundheit von Kindern und Jugendlichen

Artikel 27 legt das **Recht auf Gesundheit** fest: "Kinder und Jugendliche haben das Recht auf **ein** Höchstmaß an körperlicher, geistiger, seelischer und sexueller Gesundheit.

Organisches Gesetz für interkulturelle Bildung (LOE)

Prävention

Das Recht und der Zugang zu Gesundheitsinformationen und -erziehung für Schüler. Gesundheitserziehung.

Artikel 3 des Organgesetzes für interkulturelle Bildung besagt Folgendes: Die Gewährleistung eines freien und pluralistischen Zugangs zu Informationen und Bildung zur Vorbeugung von Gesundheit und Krankheit, zur Vorbeugung des Konsums von Betäubungsmitteln und psychotropen Drogen, des Konsums von alkoholischen Getränken und anderen Substanzen, die für die Gesundheit und die Entwicklung des Schülers schädlich sind.

Nationaler Plan für gutes Leben

Integrierte Präventionsansätze

Wohnsitze der Schule.

Veröffentlicht am 28. Juli 2015, wo es heißt, dass: die Schulresidenz (RE): Es handelt sich um einen Wohnservice, der an die Bildungseinheiten angeschlossen ist und darauf abzielt, den Bedarf an pädagogischer Ausbildung und harmonischem Zusammenleben von Schülern der oberen Grundstufe und des Gymnasiums zu decken, bei denen die Gefahr besteht, dass sie aus Gründen der geografischen Streuung, der sozioökonomischen Zwänge und der menschlichen Mobilität aus dem Schulsystem ausscheiden.

Der Zehn-Jahres-Bildungsplan

(2006 - 2015)

Aufstockung der Mittel für Bildung.

21. Jahrhundert" Ministerabkommen

In der Nationalen Vereinbarung "Bildung XXI Jahrhundert", im April 1992. Es soll ein strategisches Managementinstrument und ein Leitfaden sein, der dem Bildungswesen eine Perspektive gibt, damit unabhängig von den amtierenden Ministerien die Politik vertieft wird. Durch Volksbefragung. Im Jahr 2006 wurde der Wille des ecuadorianischen Volkes an der Wahlurne bekräftigt, indem die Postulate und Ziele des Zehnjahresplans für das Bildungswesen gebilligt und die Prioritäten für Investitionen und die Aufstockung der Mittel für das Bildungswesen festgelegt wurden. Darin heißt es: Erhöhung des Anteils des Bildungssektors am BIP um 0,5 % pro Jahr bis zum Jahr 2012 oder bis zum Erreichen von mindestens 6 % für Investitionen in diesem Sektor.

Relevante Begriffe

Lehrzeit: Erwerb von Kenntnissen über etwas durch Studium, Übung oder Erfahrung, insbesondere von Kenntnissen, die zum Erlernen einer Kunst oder eines Handwerks erforderlich sind.

Akademisch: Von einer Akademie oder im Zusammenhang mit diesen Institutionen. Von oder in Bezug auf offiziell anerkannte Studien. "akademische Aktivitäten; akademischer Kurs; akademische Leistung".

Kriterien: Der Begriff Kriterium hat seinen Ursprung im Griechischen und bedeutet "beurteilen". Das Kriterium ist das Urteil oder die Einsicht einer Person. Zum Beispiel: "Meines Erachtens hätte der Schiedsrichter ein Foul am Torwart anzeigen müssen", "Das künstlerische Urteil über diese polemischen Stücke wird von vielen in Frage gestellt.

Wissen: Die Fähigkeit des Menschen, mit Hilfe der Vernunft die Natur, die Eigenschaften und die Beziehungen der Dinge zu verstehen.

Kapazität: *ist die* Eigenschaft, die Menge von etwas enthalten zu können Eignung, Eignung; insbesondere intellektuelle Eignung, Intelligenz, Talent Rechtliche Eignung zur Ausübung eines Rechts oder einer zivilen, politischen oder administrativen Funktion. Ausdehnung oder Kapazität eines Grundstücks oder Gebäudes.

Benehmen: Behavior (Verfahren). Die Art und Weise, in der die verschiedenen Qualitäten eines Klangs präsentiert werden: Ton, Klangfarbe, Quantität und Intensität. PSYCHOL. Gesamtheit der Aktivitäten und Anpassungsreaktionen auf äußere Reize.

Kognitiv: ist das, was zum Wissen gehört oder damit verbunden ist. Dies wiederum ist die Ansammlung von Informationen, die dank eines Lernprozesses oder einer Erfahrung verfügbar sind.

Definiert: Mit klaren und präzisen Merkmalen oder mit bestimmten Grenzen.

Legasthenie: Beeinträchtigung der Lesefähigkeit, bei der die Reihenfolge von Buchstaben, Buchstabengruppen oder Wörtern verwechselt oder verändert wird. Legasthenie kann auch ohne einen neurologischen Defekt auftreten.

Ausgewogen: Bezieht sich auf eine Person, die vernünftig handelt, ohne sich von ihren eigenen Ideen oder Gefühlen hinreißen zu lassen.

Strategien: Die Kunst der Planung und Leitung militärischer Operationen, insbesondere von Kriegen. Eine Reihe gut durchdachter Aktionen, die auf ein bestimmtes Ziel ausgerichtet sind. "Die Strategie besteht darin, auf dem Bildschirm die Elemente hervorzuheben, die den Schlüssel zur Erzählung liefern; Strategien auswendig zu lernen bedeutet, dass jeder seine eigene erfinden kann; Beispiel. Unsere Strategie bestand darin, von Beginn des Spiels an die Initiative zu übernehmen.

Fokussieren: Einstellen eines optischen Mechanismus, um ein Bild scharf **zu stellen**. Die wesentlichen Punkte eines Themas oder Problems entdecken und verstehen, um es genau zu behandeln.

Faktor: Element oder Umstand, der zusammen mit anderen Dingen dazu beiträgt, ein Ergebnis zu erzielen: Körperliche Bewegung ist ein entscheidender Faktor für die Lebensqualität. Menge, die mit einer anderen Menge multipliziert wird, um das Produkt zu erhalten.

Gewohnheiten: Gewohnheitsmäßiges Verhalten einer Person, eines Tieres oder einer Gemeinschaft: "Die Gewohnheit des Lesens ist sehr empfehlenswert; die Gewohnheit des Rauchens ist sehr schädlich; die einfache Abwandlung einiger schlechter Essgewohnheiten kann der Gesundheit sehr zuträglich sein.

Interaktiv: zusammenhängend und abhängig von den Handlungen eines Benutzers, um eine Aufgabe zu erfüllen, d. h. jedes System, in dem eine Person und eine Maschine interagieren. Wir können einen DVD-Player oder ein Videospiel als interaktiv betrachten, bei dem unsere Handlungen den Verlauf der Aktion bestimmen.

Inzidenz: Die Fähigkeit einer Person, die Denk- oder Handlungsweise einer anderen Person zu bestimmen oder zu verändern. Wirkung, Folge oder Veränderung, die von einer Sache auf eine andere ausgeht.

Beeinflussung: Die Macht einer Person oder Sache, die Denk- oder Handlungsweise einer Person zu bestimmen oder zu verändern. "Der Trainer hat einen großen Einfluss auf die meisten seiner Spieler; Juan de Mena schuf eine poetische Sprache, die einen großen Einfluss auf spätere Dichter hatte".

Ernährung: Ernährung ist der biologische Prozess, bei dem Organismen die für das Funktionieren, das Wachstum und die Aufrechterhaltung ihrer Lebensfunktionen erforderlichen Nahrungsmittel und Nährstoffe aufnehmen. Ernährung ist auch die Lehre von der Beziehung zwischen Nahrung und Gesundheit, insbesondere bei der Festlegung einer Diät.

Nährstoffe: Nährstoffreich. Nährstoffhaltige Substanz in der Nahrung. Essentielle Nährstoffe Diese sind für das Wachstum und die Funktion des Organismus unerlässlich.

Prävention: Die *Vorbeugung ist das* Ergebnis der Konkretisierung der Vorbeugungsmaßnahme, die darin besteht, die notwendigen und angemessenen Vorsichtsmaßnahmen im Rahmen des Auftrags zu ergreifen.

Potenziale: Das Potenzial des *Menschen* und die Faktoren, die seine Entwicklung beeinflussen. Der *Mensch gilt als* eines der am weitesten entwickelten Lebewesen auf diesem Planeten.

Prozesse: Ein Prozess ist eine Abfolge von Schritten, die nach einer gewissen Logik angeordnet sind und darauf abzielen, ein erwartetes Ergebnis zu erzielen. Prozesse sind Verhaltensmechanismen, die Menschen entwerfen, um die Produktivität von etwas zu verbessern, um eine Ordnung herzustellen oder um eine Art von   Art

von Problem zu beseitigen   .

CAPITULO III

METHODIK, PROZESS, ANALYSE

UND DISKUSSION DER ERGEBNISSE

Methodischer Aufbau

Die Forschung und das Design, das verwendet wird, sind empirischer Art, da die Beobachtung verwendet wurde und ein niedriges kognitives Niveau in der Entwicklung des Lernens wahrgenommen wurde, wie z.B. Mangel an Argumentation, schlechte Kommunikation, geringes Interesse am Unterricht und geringe Motivation. Die Messungen werden mit Hilfe von Tests durchgeführt, um das Niveau der Lernentwicklung zu überprüfen, wobei eine Bewertungsskala verwendet wird, die mit Hilfe von Statistiken gemessen wird, die es ermöglichen, die aufgestellten Annahmen zu überprüfen.

Im Rahmen des methodischen Konzepts verfolgt dieses Projekt einen quantitativen Ansatz, da alle erforderlichen Informationen durch Erhebungen und Auswertungen gesammelt werden, um numerische Ergebnisse zu erhalten und die statistische Arbeit durchzuführen, um echte Ergebnisse zu erhalten. Diese Arbeit wird Datenerfassung, Tabellierung und grafische Darstellung beinhalten, um ein klares Problem zu erhalten.

Die im Rahmen dieser Arbeit durchzuführenden Verfahren sind in vier Teile gegliedert:

Die empirischen Verfahren helfen dem Autor, durch Erfahrung alle Inputs und Instrumente zu kennen, die für eine gute empirische Beobachtung notwendig sind, um Erhebungen und Interviews zu nutzen und sie   auf   empirische Weise durchzuführen   .

Die vorgeschlagene Art der Forschung wird als ein durchführbares Projekt betrachtet, da es eine umfassende und gültige Forschung beinhaltet, die es ermöglicht, Lösungen für Probleme der pädagogischen Realität anzubieten, gestützt auf eine theoretische Basis, die den Anforderungen der Forschung und Techniken für das Lernen und die Entwicklung des kognitiven Niveaus bei den Schülern der achten Klasse der allgemeinen Grundbildung dient.

Aufgrund ihrer Bedeutung für die Forschung wurde die Art der dokumentarischen Forschung in Betracht gezogen, da sie es ermöglicht, Informationen aus bibliografischen Quellen wie dem Internet, Büchern, Broschüren und früheren Forschungen zu sammeln, um das Wissen über das Problem zu erweitern und zu vertiefen, um Schlussfolgerungen und Empfehlungen für die Gestaltung von Ressourcen zur Verbesserung des Lernens zu erarbeiten.

Für die Diagnose haben wir die deskriptive Feldforschung angewandt, die als Grundlage diente, um den Bedarf, die Mängel und die Durchführbarkeit der zu entwickelnden Lösungen zu ermitteln. Sie ermöglichte auch die Sammlung von Informationen aus dem sozialen Umfeld mit der Fähigkeit, die Ursachen des Problems und seine Lösungen detailliert zu beschreiben, zu erklären und zu analysieren.

Im Forschungsprozess legt das Projekt das Design oder die Art und Weise fest, in der die Forschung entwickelt wird, und gibt gleichzeitig die Form und das Verfahren sowie die Modalitäten und Instrumente für die Erhebung der statistischen Daten im Zusammenhang mit dem Projekt vor.

Denn Hall & Jenkins (2015) erwähnen, dass:

"Die Methodik zielt darauf ab, eine verwirrende und unbestimmte Situation in ein Statut zu verwandeln, in dem eine klare Definition gesucht wird, um vorläufige Ziele festzulegen und verschiedene Systeme zu analysieren" (S.1).

Dies zeigt, wie wichtig die Methodik im Forschungsprozess ist, da sie es ist, die versucht, ein Problem, das sich in einer schwierigen Situation zu befinden scheint, in ein Statut zu verwandeln, in dem das Ziel klar definiert werden kann. Festlegung vorläufiger Ziele und Analyse verschiedener Formen von Systemen zum Nutzen der Bildungsakteure.

Arten von Forschung

Explorative Forschung

Explorative Forschung ist Forschung, die dazu dient, statistische Daten zu sammeln, um eine wissenschaftliche Frage auf wissenschaftliche Weise zu lösen.

Rodnguez, D. (2015) weist darauf hin:

"Explorative Forschung wird eingesetzt, um ein Problem zu lösen, das noch nicht klar ist. Explorative Forschung wird eingesetzt, um das beste Forschungsdesign, die beste Datenerhebungsmethode und die beste Themenauswahl zu bestimmen" (S.2).

Der Autor erwähnt, dass die explorative Forschung dazu dient, ein Thema zu klären und Daten mit großer Präzision zu formulieren, durch die Klärung von Ideen und den anschließenden Lösungsansatz. Aus diesem Grund wurde in diesem Projekt explorative Forschung angewandt, weil es notwendig ist, ein Problem oder eine Ursache zu entdecken, von der wir nichts wissen, und wir untersuchen durch Umfragen oder Feldfragen, um zu einer Schlussfolgerung auf der Grundlage von realen und statistischen Daten zu gelangen. Auf diese Weise ziehen wir die Schlussfolgerung, was wir wissen müssen.

Die explorative Forschung ist sehr wichtig, um Daten zu untersuchen, die nicht wirklich bestätigt sind, bis es mit Hilfe dieser Forschung möglich ist, echte Daten mit Präzision zu erhalten.

Costales, A. & Simba, A. et al. (2013) weisen darauf hin:

Sondierungsstudien sind so, wie wenn wir an einen Ort reisen, den wir nicht kennen, über den wir keinen Dokumentarfilm gesehen oder ein Buch gelesen haben, obwohl wir nach Informationen über ihn gesucht haben, sondern einfach jemand eine kurze Bemerkung über den Ort gemacht hat. Wenn wir ankommen, wissen wir nicht, welche Attraktionen wir besuchen sollen, in welche Museen wir gehen sollen, wohin wir gehen sollen, wo wir gut essen können, wie die Leute sind; wir wissen nicht viel über den Ort. (p.11)

Abschließend weisen die Autoren darauf hin, dass man bei der explorativen Forschung von etwas Unbekanntem ausgeht und den Hintergrund und alles, was damit zusammenhängt, untersucht, um auf der Grundlage der untersuchten Daten eine klare Schlussfolgerung ziehen zu können.

Aus diesem Grund, explorative Forschung wurde verwendet, um reale und klare Ergebnisse der Schüler der achten Klasse der allgemeinen Grundbildung der pädagogischen Einheit Vfctor Emilio Estrada haben.

Deskriptive Forschung

Die deskriptive Forschung ist als statistische Forschung bekannt, weil sie in

Mengen oder statistischen Daten misst und eine Auswirkung auf die Gesellschaft haben muss, sie wird verwendet, um einen bestimmten Prozentsatz qualitativ zu kennen. Barahona, G. (2015) erwähnt, dass:

Deskriptive Forschung "ist eine Art von Forschung, die systematisch die Merkmale einer Population, einer Situation oder eines Bereichs von Interesse beschreibt" (S.4).

Der Autor erwähnt, dass es sich bei der deskriptiven Forschung um eine Art der Beschreibung handelt, die Situationen oder Ereignissen Bedeutung beimisst, ohne dabei eine detaillierte Beschreibung oder Erklärung zu berücksichtigen oder Situationen oder Vorhersagen von Ereignissen in einer allgemeinen erklärenden Weise zu bestimmen.

So kann man zum Beispiel ganz allgemein beschreiben, dass es im Kanton Playas viele Schüler gibt, ohne die genaue Zahl der Beschriebenen zu nennen, und damit die deskriptive Forschung in der Bildungseinheit beginnen.

Durch diese Forschung werden wir in der Lage sein, das Problem des Lernens in der Bildungseinheit schnell zu erkennen, aber nicht bevor wir die Methoden anwenden, die uns dazu führen werden, das Problem der Unterernährung auf der Grundlage von Forschungsmethoden und statistischen Tabellen in der Tiefe zu erkennen.

Felduntersuchungen

Die Feldforschung besteht darin, reale Daten zu erhalten, die zum Zeitpunkt der Durchführung der Forschung gewonnen werden. Es handelt sich nicht um fiktive Daten, sondern um reale Daten, die weder aus irgendeinem Grund verändert noch deren Variablen manipuliert werden; alles wird direkt dort gewonnen, wo die Forschungsarbeit durchgeführt wird. Hernandez, G. (2011) stellt fest, dass: Es handelt sich um einen Prozess, der mit Hilfe der wissenschaftlichen Methode neue Erkenntnisse auf dem Gebiet der sozialen Realität ermöglicht. Reine Forschung oder die Untersuchung einer Situation, um Bedürfnisse und Probleme zu diagnostizieren, um Wissen für praktische Zwecke anzuwenden. Angewandte Forschung (S.2).

Der Autor erwähnt, dass die Feldforschung ein Prozess ist, der mit Hilfe der wissenschaftlichen Methode durchgeführt wird und der es ermöglicht, neue Erkenntnisse im Bereich der gesellschaftlichen Realität zu gewinnen, d.h. eine Situation, in der Bedürfnisse oder Probleme durch die Anwendung von Wissen diagnostiziert werden, um praktische Lösungen zu finden.

Diese Forschung wird in der Bildungseinheit angewandt, weil es notwendig ist, statistische Daten von der wirklichen Quelle, den Studenten, zu kennen, um mit dem genauen Wissen dieser Forschung fortfahren zu können.

Dokumentarische Forschung

Die dokumentarische Forschung ist diejenige, die auf der Suche nach schriftlichen Dokumenten oder Erzählungen von Experten über das Thema, auf dem wir wissen wollen, und gehen tiefer über sie, ist es wichtig zu wissen, dass, wenn es bezieht sich auf dokumentarische Forschung bezieht sich auf etwas, das wir bereits geplant haben, und wir tun es in einer geordneten Weise, bis wir den Erfolg der Forschung.

Anaya, R., D^az et al. (2013) weisen darauf hin, dass:

Die dokumentarische Forschung ist der wesentliche Teil eines wissenschaftlichen Forschungsprozesses, der eine Strategie darstellt, bei der man (theoretische oder nicht theoretische) Realitäten anhand verschiedener Arten von Dokumenten systematisch beobachtet und reflektiert. Sie untersucht, interpretiert und präsentiert Daten und Informationen zu einem bestimmten Thema einer Wissenschaft, indem sie eine Analysemethode anwendet, mit dem Ziel, Ergebnisse zu erhalten, die die Grundlage für die Entwicklung wissenschaftlicher Kreationen sein können (S.2).

Die Autoren erwähnen, dass die dokumentarische Forschung der wesentliche Teil eines Dokuments im Prozess der wissenschaftlichen Forschung ist, da sie Strategien zur Beobachtung und Reflexion von Realitäten darstellt, für die verschiedene Arten von Dokumentation benötigt werden, um Daten und Informationen zum Forschungsgegenstand untersuchen, interpretieren und präsentieren zu können.

Forschung, Gewinnung von Ergebnissen, die als Grundlage für die wissenschaftliche Forschung dienen können.

Diese Untersuchung ist für dieses Bildungsprojekt von entscheidender Bedeutung, da sie die Grundlage für die Untersuchung bildet, die in diesem Fall auf den schlechten Noten der Schüler und dem mangelnden Wissen über den Ernährungsfaktor basiert, der zu einer schlechten Konzentration der Schüler und schlechten Schulleistungen führt.

Durchführbares Projekt

Das durchführbare Projekt hat, wie der Name schon sagt, zum Ziel, durchführbar und von unmittelbarer Anwendung zu sein und als Hilfe zur Verbesserung eines Problems zu dienen, das, wie der Vorschlag andeutet, entdeckt wurde, da es auf einer vorweggenommenen und entwickelten Untersuchung basiert, um diesen Vorschlag zu lösen.

Nach Jimenez, W. (2013) ist ein Projekt machbar:

Die Erforschung, Ausarbeitung und Entwicklung eines Vorschlags für ein praktikables Betriebsmodell zur Lösung von Problemen, Anforderungen oder Bedürfnissen von Organisationen oder sozialen Gruppen; es kann sich auf die Formulierung von Strategien, Programmen, Technologien, Methoden oder Prozessen beziehen. Das Projekt muss durch dokumentarische Forschung, Feldforschung oder einen Entwurf, der beide Modalitäten umfasst, gestützt werden. Das Konzept ist laut Jimenez breit gefächert und ermöglicht es, bei der Vorbereitung der Abschlussarbeit im Rahmen der Modalität sicher zu sein, was man tun möchte. Mit dem durchführbaren Projekt soll ein Problem gelöst werden, eine edle Lösung gesucht werden, indem die besten menschlichen, materiellen und wissenschaftlichen Ressourcen eingesetzt werden (S.1).

Der Autor weist darauf hin, dass die Erforschung und Ausarbeitung des Vorschlags eines operativen Modells gut geeignet ist, um Lösungen für die Probleme von Gesellschaften oder Gruppen von sozialen Organisationen zu entwickeln, und dass sie auf die Formulierung von technologischen und multimedialen Programmen übertragen werden kann.

Dieses Projekt ist durchführbar und anwendbar, da die notwendigen Untersuchungen durchgeführt wurden, um sagen zu können, dass es möglich ist, die akademischen Leistungen der Schüler in der achten Klasse schnell, technologisch und dynamisch zu verbessern, da es versucht, eine Lösung unter Verwendung von Humanressourcen und wissenschaftlichen Inhalten zu bieten.

Grundgesamtheit und Stichprobe Grundgesamtheit

Die Forschung macht deutlich, dass die Elemente der Studie des Bildungsproblems der Direktor, die Lehrer und die Schüler der Bildungseinheit "Vfctor Emilio Estrada" der Provinz Guayas des Kantons Playas sind. Diese Besonderheit bestimmt, dass die Population oder das Universum auf die Personen begrenzt ist, die direkt mit der Forschung zu tun haben, die in Untergruppen unterteilt wurden, wie wir in der folgenden Tabelle sehen.

Bevölkerung und Stichprobe Das Interesse eines jeden Forschers besteht immer darin, die Grundgesamtheit und nicht die Stichprobe zu untersuchen. Dies geschieht dadurch, dass die Mehrheit der Grundgesamtheit unerreichbar ist, weshalb eine Reihe ihrer Einheiten ausgewählt wird, um die Stichprobe zu bilden. Die Grundgesamtheit ist die Menge aller Untersuchungseinheiten, Subjekte oder Objekte, deren beobachtbare Merkmale für die Untersuchung von Interesse sind ("Grundgesamtheit", 2012).

Für die Auswahl der Grundgesamtheit haben wir die Population der achten Klasse der allgemeinen Grundbildung des Vfctor

Emilio Estrada, das sind 140 Schüler, durch eine Umfrage zu diesem Universum wird eine Zufallsstichprobe zu einer Gruppe von 96 Schülern genommen, zwischen Männern und Frauen, die zu diesem Niveau gehören, und in der gleichen Weise wird es in Betracht gezogen, um die Direktoren, die 3 sind und die Lehrer 8, die zu entsprechen

In den Fächern Naturwissenschaften, Sprache und Literatur, Mathematik, Sozialkunde und anderen Fächern deckt der Lehrer manchmal zwei Fächer parallel ab. Alle genannten Fächer sind Gegenstand der Forschung.

Tabelle 1. Verteilung der Bevölkerung

N°	Einzelheiten	Personen
1	Verwaltung	3
2	Lehrerinnen und Lehrer	8
3	Studenten	129
	Insgesamt	140

Quelle: Bei der Einrichtung erhobene Daten. Die Autoren: Encalada Mirian

Muster

Leiva, F. (2008) stellt fest, dass: "Zufällige Wahrscheinlichkeitsstichproben sind Stichproben, die nach dem Zufallsprinzip aus dem gesamten Universum gezogen werden, ohne etwas Besonderes zu berücksichtigen" (S. 39). Die durchzuführende Untersuchung muss an einem Ort stattfinden, der dem Forscher bekannt ist, der nach dem Zufallsprinzip die Personen auswählt, bei denen die Erhebungen durchgeführt werden sollen.

Scheaffer, R. Mendenhall, W. & Lyman, R. (2013) erwähnen, dass: "Die Daten, die aus den Stichprobenelementen gewonnen und zur Beschreibung der Grundgesamtheit verwendet werden, da die Stichprobeneinheit der einzelne Wähler aus der Wählerliste der registrierten Wähler im Rahmen der Meinungsumfrage ist, wird eine bestimmte Anzahl von Wählern gezählt" (die Stichprobe). Um ihre Präferenz für die nächste Wahl zu ermitteln (S.3). Die Manager, Lehrer und Schüler, die die Grundgesamtheit bilden, haben die gleiche Chance, Teil der Stichprobe und der Stimmzettel in der Stichprobe zu sein.

Wahrscheinlichkeitsstichprobe

Die Wahrscheinlichkeitsstichprobe ist die einfachste Art, eine Stichprobe zu ziehen. Unbedingt erforderlich ist, dass alle Mitglieder der Grundgesamtheit in die Untersuchung einbezogen werden und dann nach dem Zufallsprinzip die gewünschte Anzahl von Personen gezogen wird. Das bedeutet, dass Forscher, die eine Stichprobe ziehen, entscheiden, eine bestimmte Gruppe von Personen oder Objekten innerhalb einer Population für die Analyse auszuwählen.

Ochoa, C. (2015) erwähnt dies:

Bei dieser Technik, die zur Familie der probabilistischen Stichproben gehört, wird die gesamte zu untersuchende Population in verschiedene Untergruppen oder disjunkte Schichten unterteilt, so dass eine Person nur zu einer Schicht gehören kann. Sobald die Schichten definiert sind, werden zur Bildung der Stichprobe die Individuen mit Hilfe eines beliebigen Stichprobenverfahrens für jede der Schichten getrennt ausgewählt. (p.2)

Bei dieser Art der Stichprobenziehung hat der Forscher Vorkenntnisse über die Elemente der Grundgesamtheit und es wird angenommen, dass er bereits vor Beginn der Studie eine Entscheidung getroffen hat. Nachdem die ersten Daten gesammelt und überprüft wurden und sich daraus die ersten Kategorien ergeben haben, spricht man von einer theoretischen Stichprobe. Unsere Stichprobe war

Die 140 Mitglieder des Verwaltungsrats, Lehrer und Schüler.

Zur Berechnung der Stichprobe wird die Dinamed-Formel verwendet.

Symbolik:

n= Stichprobengröße.

N=Anzahl der Bevölkerung.

e=zulässiger Fehler (0,05).

Berechnung der Stichprobe nach dieser Formel (unter Berücksichtigung der Tatsache, dass im Beispiel von einer Grundgesamtheit von 140 ausgegangen wird)

$$n = \frac{N}{e^2(N-1)+1}$$

$$n = \frac{140}{(0,05)^2(140-1)+1}$$

$$n = \frac{140}{0,0025\,(139)+1}$$

$$n = \frac{140}{1,3475+1}$$

$$n = \frac{140}{103,89}$$

$$n = 104$$

$$n = \frac{N}{\%2(N-1)+1}$$

$$F = \quad \frac{n}{N}$$

$$F = \quad\underline{\qquad\qquad} = 0,74$$

F = Fraktionsprobe

n = Stichprobenumfang

N = Bevölkerung

Probe Fraktion: 0.74

0,74	x	3 Directivo	=	2,22	=	2
0,74	x	8 Docentes	=	5,92	=	6
0,74	x	129 Estudiantes	=	95,46	=	96

Insgesamt=104

N°	Einzelheiten	Personen	Prozentsätze
1	Verwaltung	2	1.92%

Tabelle 2. Muster für die Verteilung

3	Lehrerinnen und Lehrer	6	5.77%
4	Studenten	96	92.31%
	Insgesamt	104	100%

Quelle: In der Einrichtung erhobene Daten

Die Autoren: Encalada Mirian - Jacome Mana.

Tabelle 3. Operationalisierungsmatrix der unabhängigen und abhängigen Variablen

OPERATIONALISIERUNGSMATRIX DER UNABHÄNGIGEN UND ABHÄNGIGEN VARIABLEN		
VARIABELN	ABMESSUNGEN	INDIKATOREN
ERNÄHRUNGS FAKTOR	Allgemeine Informationen über das Ernährungsumfeld	-Ernährung und Gesundheit. -Messung des Ernährungszustands zu Studienzwecken. -Lebensmittel- und Lebensmittelsicherheit.

	Der Einfluss des Faktors Ernährung	-Prävalenz eines niedrigen Body-Mass-Index bei Erwachsenen und Jugendlichen. -Beachtung des Ernährungsfaktors. -Unterstützung des Faktors "Ernährung". -Strategien auf der Grundlage des Ernährungsfaktors für das Lernen.
	Vorteile der Verwendung des Faktors "Ernährung	-Ernährungswissenschaftliche Argumentation. -Prozesse für den Erwerb einer angemessenen Ernährung. -Ernährung des Schülers vom achten bis zum zehnten Lebensjahr.
KOGNITIVE EBENE	Die kognitive Achse verstehen	-Erläuterung der kognitiven Ebene. -Lernschwierigkeiten. -Aktive Lerntechniken auf kognitiver Ebene.

	Beweise für die Realität der Schüler	-Faktoren, die mit der Verbesserung des Lernens auf kognitiver Ebene verbunden sind. -Anerkannte Faktoren für das Lernen auf kognitiver Ebene. -Erfahrung mit dem Kognitivismus im Unterricht. -Evaluierung von Schülern mit besonderem Förderbedarf.

Empirische Forschungsmethoden

Die empirische Methode ist eine Forschung von wissenschaftlichem Charakter, die auf der Erprobung der empirischen Logik basiert, ist es zu beachten, dass die empirischen Methoden aus den Erfahrungen bereits gelebt gezogen werden. Aristoteles verließ sich auf Erfahrung und Fehler, wie sie praktische Verfahren, die durch Beobachtung, Umfragen und Interviews sein kann.

Soltero, R. (2013) stellt fest, dass:

Im Laufe der Geschichte wurden mehrere philosophische Theorien entwickelt, die zu erklären versuchten, worin Wissen besteht, wie wir wissen und wann unser Wissen gültig ist. Je nachdem, wo der Ursprung des menschlichen Wissens verortet wird und welches Vermögen als zuverlässiger eingeschätzt wird, lassen sich die verschiedenen philosophischen Theorien, die entwickelt wurden, in drei Strömungen einteilen: 1. Rationalismus 2. Empirismus 3.

Im vorliegenden Forschungsprojekt wird die Empinco-Methode durch Beobachtung und Reflexion des Problems in der Bildungseinheit angewandt, da die SchülerInnen schlechte Noten und viel Demotivation im Klassenzimmer zeigen. Aus diesem Grund sind wir zu dem Schluss gekommen, nach einer Lösung für das

Problem zu suchen.

Der Autor erwähnt, dass im Laufe der Zeit mehrere philosophische Theorien entwickelt wurden, die zu erklären versuchen, was Wissen bedeutet oder woraus es besteht und wann es gültig sein sollte, so dass die Theorien in verschiedene Strömungen eingeteilt wurden, von denen man annimmt, dass es sich um Realismus, Empirismus und Kritik handelt.

Theoretiker

Theoretische Methoden sind diejenigen, die es erlauben, die Methode zu entdecken, um durch das Objekt seine grundlegenden Qualitäten zu untersuchen, die nicht mit dem bloßen Auge erkannt werden, auf eine wahrnehmende Erfassungsweise, aus diesem Grund wird diese Methode in den Prozessen der Analyse, Synthese, Induktion, Deduktion und der Analyse der Abstraktion unterstützt. In dieser Methode stechen die historischen Methoden hervor, sie sprechen über die äußere Entwicklung. Die logischen Methoden stellen das Wesen des Untersuchungsgegenstandes dar, und dazu gehören unter anderem die hypothetisch-deduktive Methode, die kausale Methode und die dialektische Methode.

Dominik, V. (2013) erwähnt dies:

Zwischen theoretischen Forschungsmethoden und Denkprozessen besteht ein enger Zusammenhang, ebenso wie zwischen der Beobachtung als wissenschaftliche Methode und der Beobachtung im spontanen empirischen Erkenntnisprozess. Im individuellen Denkprozess, der zur Begriffsbildung führt, lassen sich die Prozesse der Analyse, der Synthese, des Vergleichs, der Abstraktion und der Verallgemeinerung nachweisen. (p.2)

In dem vorliegenden Projekt der Autor erwähnt, dass es eine enge Verbindung mit den Untersuchungsmethoden die Prozesse des Denkens, in der Bildungs-Einheit sind, weil die Schüler zeigen Ablenkung in der Klasse sind sie unmotiviert und die niedrigen Noten sind die Probe, dass etwas falsch ist, das gleiche mit der Beobachtung in den Prozess empinco des Wissens. Da gibt es einen Prozess der Analyse der Person oder Dinge, die untersucht werden, um eine Synthese oder Vergleich der Fall zu ziehen.

Diese theoretische Methode steht in engem Zusammenhang mit dem Projekt, das mit den Schülern der achten Klasse entwickelt wird, denn es wird auf theoretische Weise entwickelt, um die zu befolgende Methode zu entdecken, die ein Prozess der

Analyse und Synthese sein kann.

Statistiker/Mathematiker

Die mathematisch-statistische Methode bezieht sich auf die Daten und die Wissenschaft, die die Interpretation von Daten und die Entscheidungsfindung studiert und analysiert, um die Bedingungen eines angewandten Phänomens zu erklären, ist die Statistik wie ein Fahrzeug, das verwandte, wissenschaftliche Forschungsinformationen fährt oder trägt.

Flores, E. (2014) erwähnt dies:

Die statistische Methodik bezieht sich auf den Prozess der Erhebung geeigneter Daten, die mit statistischen Methoden analysiert werden können, die zu gültigen und objektiven Schlussfolgerungen führen. Wenn es sich um Daten handelt, die mit Fehlern behaftet sind, ist die statistische Methodik der einzige objektive Ansatz für die Analyse (S.1.2).

Der Autor erwähnt die statistische Methode als ein Experiment, das angemessene und reale Daten sammelt, um sie mittels wissenschaftlicher statistischer Methoden zu analysieren, so dass sie objektive und gültige Daten liefern, da die Daten selbst mit Fehlern behaftet sind, ist die statistische Methodik die einzige, die objektive Analyseansätze für jedes deskriptive und inferentielle Forschungsexperiment hat.

Bei dieser statistischen Methode werden die statistischen Daten anhand von Stichproben und Auswertungen in der Schülerpopulation der Bildungseinheit Vfctor Emilio Estrada analysiert, wobei anhand von Grafiken und statistischen Tabellen der Zusammenhang zwischen dem Einfluss des Ernährungsfaktors und dem kognitiven Niveau der oben genannten Schüler aufgezeigt wird.

Fachleute

Die professionellen Methoden sind diejenigen, die verwendet werden, um eine Umfrage oder einen Test durchzuführen, mit Hilfe von Programmen der professionellen Nutzung, die geeignet sein können, je nachdem, was sie tun wollen, unter ihnen sind die Methoden oder Spss Programme, Excel oder die strukturierten Umfragen. Da diese Methoden eine Sünde sind, gibt es keine Grenzen, da sie in der Bildung, in der Wissenschaft, in der Mathematik usw. verwendet werden und alle von ihnen keine beruflichen Grenzen haben. So sehr, dass diejenigen, die Statistik studieren, darauf hinweisen, dass es nach einem mehrjährigen Studium der Statistik noch viel zu lernen gibt, und wenn sie das, was sie gelernt haben, mit dem vergleichen, was sie jetzt verstehen, stehen sie erst am Anfang. Diese professionellen Methoden befinden sich in ständiger Veränderung und Entwicklung.

Sorroche, M. (2012) erwähnt dies:

Der Student muss in seinem TFM die Fähigkeit nachweisen, eine konkrete Realität wahrzunehmen, alle ihre Komponenten zu bewerten und eine kritische Analyse durchzuführen, um Folgendes zu erkennen und vorzuschlagen

Alternativen zu den ursprünglichen Optionen. Der TFM wird so weit wie möglich in die Forschungsprojekte der Master-Fakultät integriert. Die Leiter der Masterarbeit werden die Studierenden bei der Definition und Gestaltung des Studienobjekts anleiten. Die Entwicklung der Arbeit liegt in der Verantwortung der Studierenden: es handelt sich um eine individuelle Tätigkeit (p1).

Der Autor bekräftigt, dass der Schüler seine Fähigkeit unter Beweis stellen muss, eine konkrete Realität zu erkennen, indem er alles, was ihm zur Verfügung steht, überprüft, um eine vollständige und kritische Analyse vorzunehmen. In der Unterrichtseinheit wird die professionelle Methode angewandt, da es sich, wie der Name schon sagt, um ein Projekt mit professionellem Charakter handelt, das für die Schüler bestimmt ist, von denen die Daten auf professionelle Weise erfasst werden.

In dieser professionellen Methode ist es notwendig zu erwähnen, dass dieses Projekt vollständig mit den professionellen Techniken verbunden ist, da es die Hauptgrundlage für den Fortschritt in der Technologie in Verbindung mit dem Fortschritt dieses einundzwanzigsten Jahrhunderts ist, das es so sehr erfordert.

Zu den professionellen Methoden, die in dieser Untersuchung verwendet wurden, gehört Excel, das zum Office-Paket gehört und zur Durchführung von mathematischen, finanziellen oder buchhalterischen Berechnungen verwendet wird. Diese Anwendung arbeitet auf der Grundlage von Formeln, um Berechnungsergebnisse zu erhalten, die wiederum mit den verschiedenen Arten von Grafiken, die dieses Programm hat, dargestellt werden.

In gleicher Weise haben wir die professionelle Methode wie Word verwendet, die in diesem Projekt zu fast 80 % eingesetzt wird. Dieses Programm ist das weltweit am weitesten verbreitete Textverarbeitungsprogramm, es gehört zum Office-Paket und wird für Büroarbeiten, akademische oder professionelle Textarten verwendet. Es ermöglicht die Erstellung und Bearbeitung digitaler Textdokumente.

Wenn der P-Wert der Stichprobe unter 0,05 liegt, bestätige ich, dass ein Zusammenhang zwischen der unabhängigen und der abhängigen Variable besteht, d. h. der Einfluss des Ernährungsfaktors wirkt sich auf das kognitive Niveau aus. Das Ziel des Chi-Quadrat-Tests ist es, statistisch nachzuweisen, ob ein Zusammenhang zwischen den unabhängigen und abhängigen Variablen besteht.

Forschungstechniken und -instrumente

Umfrage

Die Umfrage wird bei einer bestimmten Population durchgeführt, die wissenschaftlich untersucht werden soll. Diese Umfrage wurde bei der Schulbevölkerung der drei achten Klassen durchgeführt, und zwar in einem Prozentsatz, der auf der Formel von Dinamed basiert, die die Anzahl der Schüler angibt, die auf eine bestimmte und sichere Weise befragt werden sollen.

Hernandez, M., Cantin, S., Lopez, N. & Rodnguez, M. (2010) erwähnen dies:

Die Umfrage ist eine Forschungstechnik, die aus einer mündlichen oder schriftlichen Befragung von Personen besteht, um bestimmte Informationen zu erhalten, die für eine Untersuchung notwendig sind. Bei einer mündlichen Befragung wird in der Regel die Interview-Methode angewandt; bei einer schriftlichen Befragung wird in der Regel das Instrument des Fragebogens verwendet, das aus einem Dokument mit einer Liste von Fragen besteht, die den zu befragenden Personen gestellt werden. (p.20)

Schließlich weisen die Autoren darauf hin, dass es sich bei der Umfrage um eine Befragungstechnik handelt, die bei Personen durchgeführt wird, um bestimmte Informationen für die betreffende Untersuchung zu erhalten. Sie erwähnen auch, dass bei einer mündlichen Befragung die Interviewmethode und bei einer schriftlichen Befragung der Fragebogen, ein Dokument mit zuvor analysierten Fragen, verwendet wird.

Die Umfragen richten sich an die Lehrer, Direktoren und Schüler der Bildungseinrichtung "Vfctor Emilio Estrada" der Stadt Guayaquil im Kanton Playas. Der Zweck der Umfrage ist es, die Meinungen der Lehrer, Direktoren und Schüler zu erfahren.

Wertvoll im Sinne des Themas ist es, Informationen über den Prozess und die Bewertung in der akademischen und administrativen Verwaltung zu sammeln.

Diese Erhebungen werden auf der Grundlage der LICKERT-Skala durchgeführt, so dass Modelle von Fragebögen von Fragen wurden nach dem Thema der Untersuchung, in denen Fragen verwendet werden, einfache Sprache des leichten Verständnisses für die Befragten und erleichtern somit die Sammlung von Informationen und die Ergebnisse der gleichen, werden diese mit Hilfe von statistischen Tabellen, Diagramme, in Tortendiagramme, in denen die Häufigkeiten und Prozentsätze dargestellt sind organisiert werden.

Interview

Das Interview ist eine Technik, die darauf ausgerichtet ist, auf persönliche und freiwillige Weise mit den Personen oder Dingen in Kontakt zu treten, die Sie befragen möchten.

Rivera, A. (2012) erwähnt dies:

Das Vorstellungsgespräch: Es ist einfach ein Gespräch mit einem bestimmten Zweck. Es wird durchgeführt, wenn man etwas über eine Person erfahren möchte, das man mit numerischen Mitteln nicht erreichen kann. Das Ziel des Interviews ist es, in die "Welt" der Person einzutreten und die Dinge aus ihrer Perspektive zu sehen. Es handelt sich um eine Situation, in der sich eine Person den Fragen einer anderen Person stellt, um ein Gespräch zu führen, dessen Ziel es ist, Informationen zu erhalten. An einem Interview sind der Interviewer und die befragte Person beteiligt. (p.1)

Für die Entwicklung des Projekts führen wir eine Befragung der Direktoren durch, um von der Hauptquelle die richtigen Informationen zu erhalten und auf sichere Weise Kenntnisse über den Ernährungsfaktor der Schüler und die Auswirkung des kognitiven Niveaus bei ihnen zu erhalten.

Der Autor erwähnt, dass ein Interview einfach ein Gespräch zwischen zwei oder mehreren Personen ist, wenn man bestimmte Informationen haben möchte oder etwas von jemandem will. In diesem Bildungsprojekt wird diese Methode verwendet, um Informationen von der Schülerin/dem Schüler und der Lehrerin/dem Lehrer zu erhalten und zu einer Schlussfolgerung zu gelangen, die so ist, als würde man in die Welt einer anderen Person eintreten und versuchen, sie aus einer anderen Perspektive oder von der Seite der anderen Person zu sehen, da das Interview aus einigen Fragen von einer Seite und den Antworten von der anderen besteht.

Der Zweck des Interviews ist es, ein ruhiges Gespräch zu führen, Daten zu sammeln und ein breites Spektrum an Informationen von dem befragten Schulleiter zu erhalten, um das Forschungsthema über den Bewertungsprozess der achten Klasse der allgemeinen Grundbildung zu vertiefen.

Ermittlungsverfahren

Für die Durchführung dieses Projekts wurde eine Reihe von Untersuchungen durchgeführt, um die erforderlichen Informationen zu sammeln.

> Problemidentifizierung und -formulierung
> Thema Betrachtung
> Wählen Sie das Forschungsthema.
> Ansatz der Variablen
> Formulierung der Ziele
> Sammlung von bibliografischen und dokumentarischen Informationen
> Systematisierung des konsultierten Materials
> Ausarbeitung des theoretischen Rahmens.
> Theoretische Positionierung
> Forschungsdesign.
> Untersuchung und Auswahl der zu verwendenden Techniken und Methoden
> Auswahl und Entwicklung von Forschungsinstrumenten
> Anwendung von Forschungsinstrumenten
> Analyse und Interpretation der Ergebnisse.
> Ausarbeitung von Schlussfolgerungen und Empfehlungen.
> Ausarbeitung des Vorschlags.

Datenanalyse und -auswertung

Die Umfrage wurde bei der Anzahl der Schüler durchgeführt, die sich aus der Anwendung der Stichprobenformel ergab, nämlich 104 Schüler der 8. Klasse des EGB der Parallelen A, B, C der Unidad Educativa Fiscal "VICTOR EMILIO ESTRADA", sowie bei den 8 Lehrern, die die 8. Klasse der Einrichtung, die Gegenstand unserer Untersuchung ist, integrieren.

Die Umfragen wurden mit 10 Fragen zur Bedeutung des Themas und des Vorschlags nach dem Muster der Likert-Skala gestaltet. Dieses Format ist in den Anhängen des vorliegenden Dokuments dargestellt.

Für die Verarbeitung der Daten wurde das Dienstprogramm Excel Professional Version 2010 verwendet. Durch die Verwendung von aktiven Häufigkeitstabellen mit den aus den Umfragen gewonnenen Daten wurden Diagramme erstellt, die die Präferenzen der Schüler und Lehrer in Bezug auf die gestellten Fragen zeigen.

ERGEBNISSE DER UMFRAGE UNTER DEN LEHRERN VON

DIE ERZIEHUNGSEINHEIT VICTOR EMILIO ESTRADA

Tabelle Nr. 1. Fördert den Faktor Ernährung in der Bildung.

Sind Sie der Meinung, dass der Faktor Ernährung die Entwicklung des Lernens bei Schülern fördert?

CODE	KATEGORIEN	FREQUENZ	PROZENTSATZ
	Sehr zustimmend	2	33,33 %
	Einverstanden	4	66,67 %
TOP N.1	Gleichgültig	0	0,00 %
	Meinungsverschiedenheiten	0	0,00 %
	Stimmt überhaupt nicht zu	0	0,00 %
	Insgesamt	6	100%

Quelle: Bildungseinheit "Vfctor Emilio Estrada".

Vorbereitet von: Mirian Encalada Camaz

Gráfico 1. Fomenta el factor nutricional en la Educación

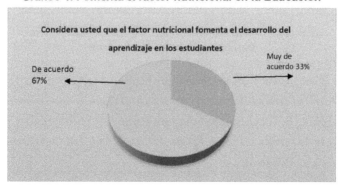

Quelle: Bildungseinheit "Vfctor Emilio Estrada".

Vorbereitet von: Mirian Encalada Camaz

KOMMENTAR:

Von den insgesamt 6 befragten Lehrkräften stimmen 66,67 % der Aussage zu, dass der Faktor Ernährung die Entwicklung des Lernens bei den Schülern fördert, und 33,33 % stimmen dieser Aussage voll und ganz zu; abschließend geben die Lehrkräfte an, dass es notwendig ist, den Faktor Ernährung bei der Entwicklung des Lernens einzusetzen.

Tabelle Nr. 2. Verbesserung der akademischen Leistung

Sind Sie der Meinung, dass Schüler sich richtig ernähren sollten, um ihre schulischen Leistungen zu verbessern?			
Code	Kategorien	Frequenz	Prozentsatz
Posten Nr. 2	Sehr zustimmend	3	50,00 %
	Einverstanden	3	50,00 %
	Gleichgültig	0	0,00 %
	Meinungsverschiedenheiten	0	0,00 %
	Sehr inakzeptabel	0	0,00 %
	Insgesamt	6	100%

Quelle: Bildungseinheit "Vfctor Emilio Estrada".

Vorbereitet von: Mirian Encalada Camaz

Abbildung 2. Verbesserung der akademischen Leistung

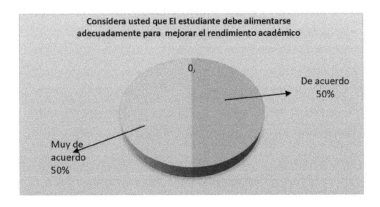

Quelle: Bildungseinheit "Vfctor Emilio Estrada".

Vorbereitet von: Mirian Encalada Camaz

KOMMENTAR:

Von den insgesamt 6 befragten Lehrkräften stimmen 50 % voll und ganz zu, dass die Schüler sich richtig ernähren sollten, um ihre schulischen Leistungen zu verbessern. 50 % zeigen, dass die Lehrkräfte glauben, dass die richtige Ernährung die schulischen Leistungen der Schüler verbessert.

Tabelle Nr. 3. Sind Sie der Meinung, dass die Ernährung der Schüler angemessen ist, um die Bildung zu verbessern? angemessen, um die Bildung zu verbessern?

Sind Sie der Meinung, dass die Ernährung der Schüler geeignet ist, die Bildung zu verbessern?			
CODE	**KATEGORIEN**	**FREQUENZ**	**PROZENTSATZ**
	Sehr zustimmend	1	16,67 %
	Einverstanden	5	83,33 %
TOP NR. 3	Gleichgültig	0	0,00 %
	Meinungsverschiedenheiten	0	0,00 %
	Stimmt überhaupt nicht zu	0	0,00 %
	Insgesamt	6	100%

Quelle: Bildungseinheit "Vfctor Emilio Estrada".

Vorbereitet von: Mirian Encalada Camaz

Gráfico 3. Comprensión nutricional

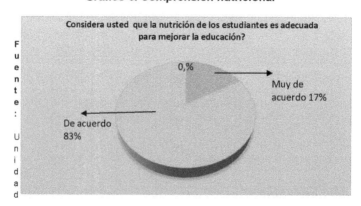

Considera usted que la nutrición de los estudiantes es adecuada para mejorar la educación?

0,%

Muy de acuerdo 17%

De acuerdo 83%

Vfctor Emilio Estrada" Schule für Bildung

Vorbereitet von: Mirian Encalada Camaz

KOMMENTAR:

Von den insgesamt 6 befragten Lehrkräften stimmen 83,33 % der Aussage zu, dass die Ernährung geeignet ist, die Bildung zu verbessern.

16,67% stimmen voll und ganz zu. In der vorgenannten Aussage.

Tabelle Nr. 4. Fördert den Faktor Ernährung in der Bildung.

CODE	KATEGORIEN	FREQUENZ	PROZENTSATZ
Glauben Sie, dass Essstörungen die schulischen Leistungen von Schülern beeinträchtigen?			
ARTIKEL NR. 4	Sehr zustimmend	1	16,67 %
	Einverstanden	4	66,66 %
	Gleichgültig	1	16,67 %
	Meinungsverschiedenheiten	0	0,00 %
	Stimmt überhaupt nicht zu	0	0,00 %
	Insgesamt	6	100%

Quelle: Bildungseinheit "Vfctor Emilio Estrada".

Vorbereitet von: Mirian Encalada Camaz

Abbildung 4. Essstörung und Essstörung

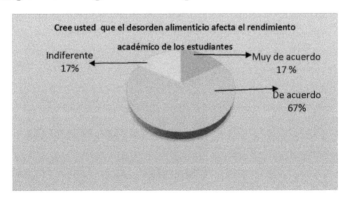

Quelle: Bildungseinheit "Vfctor Emilio Estrada".

Vorbereitet von: Mirian Encalada Camaz

KOMMENTAR:

Laut einer Umfrage unter den Lehrern der Schule

Vfctor Emilio Estrada" Bildungseinheit wurde festgestellt, dass 66,67% der Aussage zustimmen und weitere 16,67% stark zustimmen und 16,67% der Aussage zustimmen, dass die Essstörung die schulischen Leistungen beeinflusst.

CODE	KATEGORIEN	FREQUENZ	PROZENTSATZ
	Sehr zustimmend	1	16,67 %
	Einverstanden	4	66,66 %
TOP NR. 5	Gleichgültig	1	16,67 %
	Meinungsverschiedenheiten	0	0,00 %
	Stimmt überhaupt nicht zu	0	0,00 %
	Insgesamt	6	100%

Sind Sie der Meinung, dass Schüler ermutigt werden sollten, ihr kognitives Niveau zu entwickeln?

Tabelle Nr. 5. Wissen über das kognitive Niveau

Quelle: Bildungseinheit "Victor Emilio Estrada".

Vorbereitet von: Mirian Encalada Camaz

Abbildung 5. Wissen über das kognitive Niveau

Quelle: Bildungseinheit "Victor Emilio Estrada".

Vorbereitet von: Mirian Encalada Camaz

KOMMENTAR:

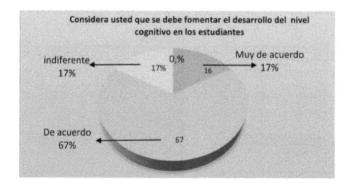

Laut einer Umfrage unter den Lehrern der Schule

Vfctor Emilio Estrada" wurde festgestellt, dass 16,67% stark zustimmen und 66,66% der Meinung sind, dass die Entwicklung des kognitiven Niveaus bei den Schülern gefördert werden sollte. Damit wird bestätigt, dass es sehr notwendig ist, die

Entwicklung der kognitiven Fähigkeiten der Schüler zu fördern.

Tabelle Nr. 6. Leistung auf kognitiver Ebene

Sind Sie der Meinung, dass die Ernährungserziehung gefördert werden sollte, um die kognitiven Leistungen von Achtklässlern zu verbessern?			
CODE	KATEGORIEN	FREQUENZ	PROZENTSATZ
	Sehr zustimmend	6	100,00 %
	Einverstanden	0	0,00 %
	Gleichgültig	0	0,00 %
TOP NR. 6	Meinungsverschiedenheit	0	0,00 %
	Stimmt überhaupt nicht zu	0	0,00 %
	Insgesamt	6	100%

Quelle: Bildungseinheit "Victor Emilio Estrada".

Vorbereitet von: Mirian Encalada Camaz

Abbildung 6. Leistung auf kognitiver Ebene

Sind Sie der Meinung, dass die Ernährungserziehung gefördert werden sollte, um die kognitive Leistungsfähigkeit von los octavos grados?

Muy de acuerdo 100%

0%

100%

Quelle: Unidad Educativa "Victor Emilio Estrada" **Vorbereitet von:** Mirian Encalada Camaz

KOMMENTAR:

Die Umfrage unter den Lehrern der Bildungseinrichtung "Víctor Emilio Estrada" ergab, dass 100 % von ihnen der Ansicht sind, dass die Ernährungserziehung gefördert werden sollte, um die kognitiven Leistungen der Schüler zu verbessern.

Tabelle Nr. 7. Motivation und Lernen

Sind Sie der Meinung, dass Schüler motiviert werden sollten, ihre Essgewohnheiten zu verbessern, um Standards und Kompetenzen im Sinne des Guten Lebens zu erreichen?

CODE	KATEGORIEN	FREQUENZ	PROZENTSATZ
	Ja	5	83,33%
ITEM N°. 7	Nein	1	16,67%
	Insgesamt	6	100%

Quelle: Bildungseinheit "Victor Emilio Estrada".

Vorbereitet von: Mirian Encalada Camaz

Abbildung 7. Motivation und Lernen

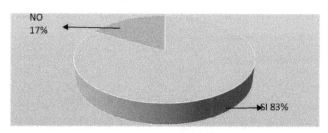

te: Unidad Educativa "Victor Emilio Estrada" **Vorbereitet von:** Mirian Encalada Camaz

Laut einer Umfrage unter den Lehrern der Schule Vfctor Emilio Estrada" wurde festgestellt, dass 83,33% der Befragten der Meinung sind, dass die Schüler in Bezug auf ihre Essgewohnheiten motiviert werden sollten, während 16,67% der Befragten der oben genannten Frage nicht zustimmen.

Tabelle Nr. 8. Ernährung und ihre Vorteile

CODE	KATEGORIEN	FREQUENZ	PROZENTSATZ

Glauben Sie, dass der Lehrer das kognitive Niveau der Schüler durch die Vermittlung von Wissen über Ernährung und deren Vorteile verbessert?

CODE	KATEGORIEN	FREQUENZ	PROZENTSATZ
	Sehr zustimmend	2	33,33 %
	Einverstanden	4	66,67 %
ITEM N°. 8	Gleichgültig	0	0,00 %
	Meinungsverschiedenheiten	0	0,00 %
	Stimmt überhaupt nicht zu	0	0,00 %
	Insgesamt	6	100%

Quelle: Bildungseinheit "Victor Emilio Estrada".

Vorbereitet von: Mirian Encalada Camaz

Abbildung 8. Ernährung und ihr Nutzen

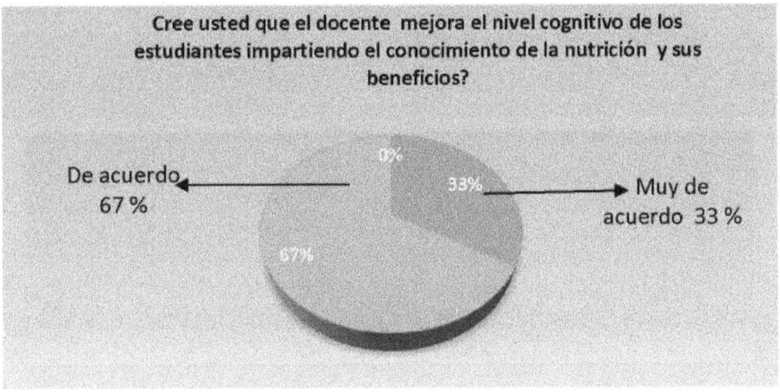
Cree usted que el docente mejora el nivel cognitivo de los estudiantes impartiendo el conocimiento de la nutrición y sus beneficios?
De acuerdo 67 %
Muy de acuerdo 33 %
0%
33%
67%

F

Quelle: Bildungseinheit "Victor Emilio Estrada" **Vorbereitet von:** Mirian Encalada Camaz

Laut einer Umfrage unter den Lehrern der Schule

Vfctor Emilio Estrada" wurde festgestellt, dass 67% der Befragten der Meinung sind, dass der Lehrer das kognitive Niveau der Schüler durch die Vermittlung von Wissen über Ernährung und deren Vorteile verbessert, und 33% stimmen der oben genannten Frage voll und ganz zu.

Tabelle Nr. 9. Lernen und Gestaltung eines interaktiven Multimedia-Führers

Sind Sie der Meinung, dass das kognitive Niveau der Schüler verbessert werden sollte?			
Code	**Kategorien**	**Frequenz**	**Prozentsatz**
Artikel Nr. 9	Sehr zustimmend	5	83,33 %
	Einverstanden	0	0,00%
	Gleichgültig	0	0,00%
	Meinungsverschiedenheiten	1	16,67 %
	Stimmt überhaupt nicht zu	0	0,00%
	Insgesamt	6	100%

Quelle: Bildungseinheit "Victor Emilio Estrada".

Vorbereitet von: Mirian Encalada Camaz

Schaubild 9. Lernen und Gestaltung eines interaktiven Multimedia-Guides

KOMMENTAR:

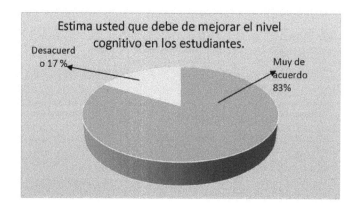

Quelle: Bildungseinheit "Victor Emilio Estrada".

Vorbereitet von: Mirian Encalada Camaz

Laut einer Umfrage unter den Lehrern der Schule

Vfctor Emilio Estrada" wurde festgestellt, dass 83,33% der Befragten der Meinung sind, dass die Gestaltung des interaktiven Leitfadens das kognitive Niveau der Schüler verbessern wird, während 16,67% dieser Frage nicht zustimmen.

Tabelle Nr. 10. Interesse an der Verbesserung des kognitiven Niveaus

Sind Sie der Meinung, dass Sie einen interaktiven Leitfaden mit dem Faktor "Ernährung" ausarbeiten sollten, der sich an die Schüler richtet?			
Code	**Kategorien**	**Frequenz**	**Prozentsatz**
	Sehr zustimmend	6	100,00 %
	Einverstanden	0	0,00%
Artikel Nr.10	Gleichgültig	0	0,00%
	Meinungsverschiedenheiten	0	0,00%
	Stimmt überhaupt nicht zu	0	0.00%
	Insgesamt	6	100,%

Quelle: Bildungseinheit "Victor Emilio Estrada".

Vorbereitet von: Mirian Encalada Camaz

Vorbereitet von: Mirian Encalada Camaz

KOMMENTAR:

Gráfico 10. Interés por mejorar el nivel cognitivo

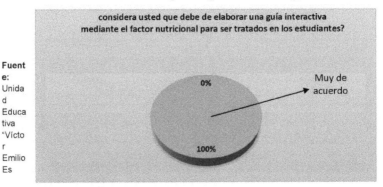

Die Umfrage unter den Lehrern der Bildungseinrichtung "Vfctor Emilio Estrada" ergab, dass sie zu 100 % damit einverstanden sind, dass das kognitive Niveau der Schüler durch den Einsatz des interaktiven Multimedia-Leitfadens auf der Grundlage des Ernährungsfaktors verbessert werden sollte.

ERGEBNISSE DER SCHÜLERBEFRAGUNG

DER ACHTEN KLASSE DER ALLGEMEINEN GRUNDBILDUNG

Tabelle Nr. 11. Nährstoffreiche Lebensmittel

Wie oft pro Woche essen Sie in der Bildungseinheit nahrhafte Lebensmittel?			
Code	Kategorien	Frequenz	Prozentsatz
	0 Mal	0	0,0
	1-2 Mal	12	12,5
Posten Nr.11	3-4 Mal	12	12,5
	5 Mal	72	75,0
	Insgesamt	96	100%

Quelle: Bildungseinheit "Victor Emilio Estrada".

Vorbereitet von: Mirian Encalada Camaz

Abbildung 11. Nährstoffreiche Lebensmittel

69

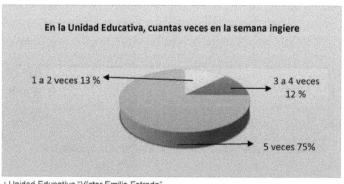

En la Unidad Educativa, cuantas veces en la semana ingiere

1 a 2 veces 13 %

3 a 4 veces 12 %

5 veces 75%

: Unidad Educativa "Víctor Emilio Estrada"

Vorbereitet von: Mirian Encalada Camaz

Von den insgesamt 96 befragten Schülern aßen 75 % mehr als fünfmal nahrhaftes Essen, 12,5 % gaben an, dass sie drei- bis viermal aßen, 12,5 % gaben an, dass sie ein- bis zweimal aßen, bevor sie in die Bildungseinrichtung kamen, und 12,5 % gaben an, dass sie mehr als fünfmal am Tag aßen.

Tabelle Nr. 12. Arten von Lebensmitteln

Was isst du, bevor du zur Schule gehst?			
Code	Kategorien	Frequenz	Prozentsatz
Artikel Nr.12	Molkerei	4	4,2 %
	Proteine	4	4,2 %
	Getreide	12	12,5 %
	Gemüse	37	38,5 %
	Früchte	39	40,6 %
	Insgesamt	96	100%

Quelle: Bildungseinheit "Victor Emilio Estrada".

Abbildung 12. Arten von Lebensmitteln

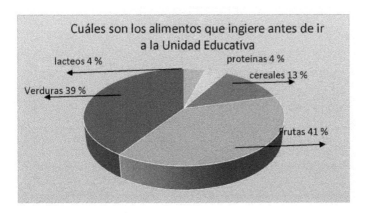

KOMMENTAR: **Quelle:** Bildungseinheit "Victor Emilio Estrada".

Vorbereitet von: Mirian Encalada Camaz

Von den insgesamt 96 befragten Studenten nahmen 40,6 %

Obst, 38,5% geben an, dass sie Gemüse essen, 12,5% geben an, dass sie Gemüse essen, 12,5% geben an, dass sie Obst essen.

4,2 % geben an, dass sie Eiweiß essen, 4,2 % essen Milchprodukte, bevor sie in die Bildungseinrichtung kommen. Zusammenfassend lässt sich sagen, dass die Schüler mehr Obst essen, weil es bequemer und angenehmer ist, Obst zu verzehren, wenn man es zu sich nimmt.

Tabelle Nr. 13. Wer bereitet das Essen zu, bevor es in die Bildungseinheit kommt?
Erziehungseinheit?

Erwähnen Sie, wer Ihre Mahlzeiten zubereitet, bevor Sie in die Bildungseinrichtung gehen?			
Code	Kategorien	Frequenz	Prozentsatz
	Vater	5	5,2 %
	Bruder	9	9,4 %
Artikel Nr. 13	Großvater	51	53,1 %
	Das gleiche	31	32,3 %
	Insgesamt	96	100%

Quelle: Bildungseinheit "Victor Emilio Estrada".

Vorbereitet von: Mirian Encalada Camaz

71

Wer bereitet das Essen zu, bevor es in die Bildungseinheit kommt? Pädagogische Einheit?

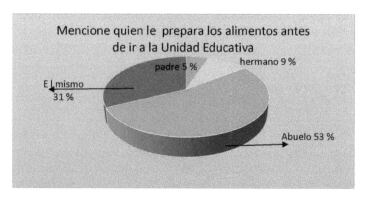

gebetet von: Mirian Encalada Camaz

KOMMENTAR:

Von den insgesamt 96 befragten Studenten gaben 53,1 % an

dass der Großvater das Essen für ihn zubereitet, 32,3 % geben an, dass derselbe Student das Essen für ihn zubereitet, 32,3 % geben an, dass derselbe Student das Essen für ihn zubereitet.

9,4 % sagen, dass es der Bruder ist, 5,2 % sagen, dass es der Vater ist, der das Essen zubereitet. Bevor sie in die Bildungseinheit gehen. Das Ergebnis zeigt, dass die Personen, die das Essen für sie zubereiten, in den meisten Fällen ihre Großeltern sind.

Tabelle Nr. 14. Lebensmittelqualifikation

Wie würden Sie Ihre Ernährung nach Ihren Kriterien qualifizieren, bevor Sie in die Bildungseinrichtung gehen?			
Code	**Kategorien**	**Frequenz**	**Prozentsatz**
	Sehr gesund	5	5,2 %
	Gesunde	60	62,5 %
Artikel Nr.14	Ungesunde	28	29,1 %
	Ungesunde	3	3,1 %
	Insgesamt	96	100%

Quelle: Bildungseinheit "Victor Emilio Estrada".

Vorbereitet von: Mirian Encalada Camaz

72

Schaubild 14. Bewertung der Lebensmittelqualität

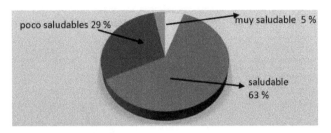

poco saludables 29 %

muy saludable 5 %

saludable 63 %

Quelle: Bildungseinheit "Victor Emilio Estrada".

Vorbereitet von: Mirian Encalada Camaz

KOMMENTAR:

Von den insgesamt 96 befragten Studenten haben 62,5 % der befragten Studenten

Die Schüler gaben an, dass ihre Ernährung gesund ist, 29,1 % gaben an, dass sie nicht sehr gesund ist, 5,2 % sagten, dass sie sehr gesund ist, und 3,1 % sagten, dass ihre Ernährung überhaupt nicht gesund war, bevor sie in die Bildungseinheit kamen. Die Ergebnisse zeigen, dass die SchülerInnen glauben, dass ihre Ernährung gesund ist.

Tabelle Nr. 15. Durchschnitt in Fächern

Wie gut sind Ihre akademischen Leistungen nach Ihren Noten im letzten Quartal?			
Code	**Kategorien**	**Frequenz**	**Prozentsatz**
	Sar (10)	0	0 %
	Dar (9)	6	6,3 %
	Aar (8-7)	82	85,4 %
Artikel Nr.15	Par (6-5)	8	8,3 %
	Nar(<4)	0	0,0 %
	Insgesamt	96	100%

Quelle: Bildungseinheit "Vfctor Emilio Estrada".

Vorbereitet von: Mirian Encalada Camaz

Gráfico 15. Promedio en materias

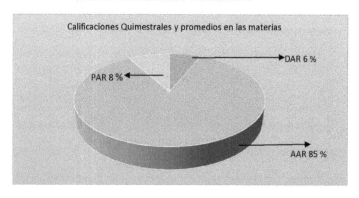

Calificaciones Quimestrales y promedios en las materias

DAR 6 %

PAR 8 %

AAR 85 %

Quelle: Bildungseinheit "Vfctor Emilio Estrada".

Vorbereitet von: Mirian Encalada Camaz

KOMMENTAR:

Von den insgesamt 96 befragten Schülern gaben 85,4 % an, dass ihre Note AAR war, 8,3 % gaben an, dass ihre Note PAR war, 6,3 % gaben an, dass ihre Note DAR war, und der Rest der Befragten gab an, dass ihre Note 0% in NAR und SAR war. Zusammenfassend lässt sich sagen, dass die Schüler ihre Note als AAR, d. h. als grundlegend, bezeichneten.

Tabelle Nr. 16. Ernährungsleistung auf akademischem Niveau

^Werden sich Ihre schulischen Leistungen verbessern, wenn Sie Ihren Nährstoffgehalt erhöhen?			
CODE	**KATEGORIEN**	**FREQUENZ**	**PROZENTSATZ**
	Sehr zustimmend	33	34,38
	Einverstanden	37	38,54
ARTIKEL NR. 16	Gleichgültig	11	11,46
	Nicht einverstanden	8	8,33
	Stimmt überhaupt nicht zu	7	7,29
	Insgesamt	96	100%

Quelle: Bildungseinheit "Vfctor Emilio Estrada".

Vorbereitet von: Mirian Encalada Camaz

Abbildung 16. Ernährungsleistung auf akademischem Niveau

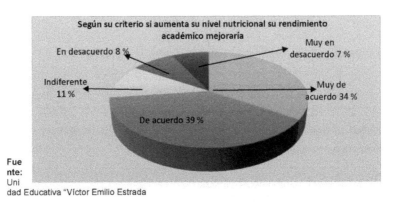

Según su criterio si aumenta su nivel nutricional su rendimiento
académico mejoraría

En desacuerdo 8 %

Muy en
desacuerdo 7 %

Indiferente
11 %

Muy de
acuerdo 34 %

De acuerdo 39 %

Fuente:
Uni
dad Educativa "Víctor Emilio Estrada

Vorbereitet von: Mirian Encalada Camaz

KOMMENTAR:

Von den insgesamt 96 befragten Schülern stimmten 38,54 % der
Aussage zu, dass sich ihre schulischen Leistungen verbessern würden, wenn sie sich
gesünder ernähren würden, 34,38 % stimmten voll und ganz zu, 11,46 % waren
indifferent, 8,33 % stimmten nicht zu und 7,29 % stimmten überhaupt nicht zu.
Abschließend

Schüler geben an, dass sich ihre schulischen Leistungen verbessern würden, wenn
sie ihren Ernährungszustand verbessern würden.

Tabelle Nr. 17. Vorteile einer adäquaten Ernährung

Möchten Sie erfahren, welche Vorteile die richtige Ernährung hat, um Ihre schulischen Leistungen zu verbessern?			
CODE	KATEGORIEN	FREQUENZ	PROZENTSATZ
ARTIKEL NR. 17	YES	69	71,9 %
	NO	27	28,1 %
	GESAMT	96	100 %

Quelle: Bildungseinheit "Victor Emilio Estrada".

Vorbereitet von: Mirian Encalada Camaz

Abbildung 17. Vorteile der richtigen Ernährung

KOMMENTAR:

Von den insgesamt 96 befragten Studenten stimmten 71,9 % zu, dass sie gerne etwas über die Vorteile der Ernährung lernen würden, um ihre schulischen Leistungen zu verbessern, und 28,1 % stimmten nicht zu. Zusammenfassend gaben die Schüler in ihren

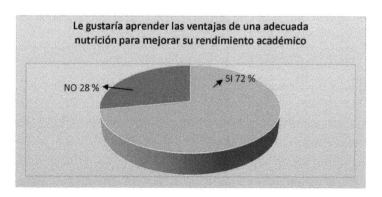

Ich möchte mich über die Vorteile einer richtigen Ernährung informieren, um meine schulischen Leistungen zu verbessern.

Tabelle Nr. 18. Leistung und Fütterung

Glauben Sie, dass Ihre schulische Leistung mit Ihrer Ernährung zusammenhängt?			
CODE	**KATEGORIEN**	**FREQUENZ**	**PROZENTSATZ**
	Sehr zustimmend	42	43,8 %
	Einverstanden	30	31,25 %
ARTIKEL NR. 18	Gleichgültig	12	12,50 %
	Nicht einverstanden	6	6,25 %
	Stimmt überhaupt nicht	6	6,25 %
	Insgesamt	96	100%

Quelle: Bildungseinheit "Victor Emilio Estrada".

Vorbereitet von: Mirian Encalada Camaz

Abbildung 18. Leistung und Ernährung

Fue
nte:
Unid
ad
Edu
cativ
a
"Vict
or
Emili
o
Estr
ada"

Considera usted que su rendimiento académico está relacionado con su alimentación

Muy en desacuerdo 6 %

En desacuerdo 6 %

Indiferente 13%

De acuerdo 31 %

Muy de acuerdo 44%

Vorbereitet von: Mirian Encalada Camaz

KOMMENTAR:

Von den insgesamt 96 befragten Studenten gaben 43,8 % an, dass sie voll und ganz zustimmen, dass ihre akademische Leistung mit ihrer Ernährung zusammenhängt, 31,25 % stimmten zu, 12,50 % waren indifferent, 6,25 % stimmten nicht zu und 6,25 % stimmten überhaupt nicht zu. Zusammenfassend lässt sich sagen, dass die meisten Schüler angeben, dass ihre schulischen Leistungen mit ihrer Ernährung zusammenhängen.

Tabelle Nr. 19. Verbesserung des kognitiven Niveaus

Sind Sie damit einverstanden, Ihr kognitives Niveau zu verbessern?			
CODE	KATEGORIEN	FREQUENZ	PROZENTSATZ
ARTIKEL NR. 19	Sehr zustimmend	51	53,13
	Einverstanden	27	28,13
	Gleichgültig	9	9,37
	Nicht einverstanden	7	7,29
	Stimmt überhaupt nicht zu	2	2,08
	Insgesamt	96	100%

Quelle: Bildungseinheit "Vfctor Emilio Estrada".

Vorbereitet von: Mirian Encalada Camaz

Abbildung 19. Verbesserung des kognitiven Niveaus

Quelle: Bildungseinheit "Vfctor Emilio Estrada".

Vorbereitet von: Mirian Encalada Camaz

KOMMENTAR:

Von den insgesamt 96 befragten Schülern stimmten 53,13 % voll und ganz zu, dass sie ihr kognitives Niveau verbessern sollten, 28,13 % stimmten zu, 9,37 % waren indifferent, 7,29 % stimmten nicht zu und 2,08 % stimmten überhaupt nicht zu. Die Ergebnisse zeigen, dass die Schüler hohe Erwartungen an die Verbesserung ihres kognitiven Niveaus haben.

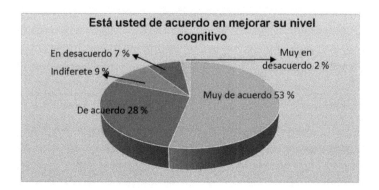

Tabelle 20. Interesse an dem interaktiven Leitfaden

Möchten Sie einen interaktiven Multimedia-Leitfaden für die Ernährungserziehung und die Verbesserung der schulischen Leistungen entwickeln?			
CODE	**KATEGORIEN**	**FREQUENZ**	**PROZENTSATZ**
	Sehr zustimmend	80	83,3 %
	Einverstanden	0	0,00%
ARTIKEL NR. 20	Gleichgültig	0	0,00%
	Nicht einverstanden	16	16,7%
	Stimmt überhaupt nicht zu	0	0,00%
	Insgesamt	96	100%

Schaubild 20. Interesse an dem interaktiven Leitfaden

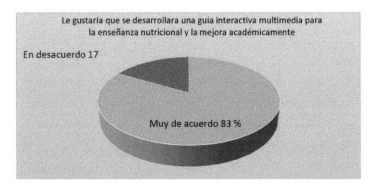

Le gustaría que se desarrollara una guía interactiva multimedia para la enseñanza nutricional y la mejora académicamente

En desacuerdo 17

Muy de acuerdo 83 %

KOMMENTAR:

Von den insgesamt 96 befragten Studierenden gaben 83,3 % an, dass sie mit der Entwicklung des interaktiven Leitfadens zur Verbesserung des kognitiven Niveaus und damit des akademischen Niveaus voll und ganz einverstanden sind. 16,7 % gaben an, dass sie nicht einverstanden sind. Zusammenfassend lässt sich sagen, dass die Mehrheit der Studierenden die Entwicklung eines interaktiven Leitfadens befürwortet.

ein interaktiver Multimedia-Leitfaden für die Ernährungserziehung und die Verbesserung der schulischen Leistungen.

CHI-QUADRAT-TEST

Zielsetzung: Statistischer Nachweis, ob ein Zusammenhang zwischen der unabhängigen und der abhängigen Variable besteht.

Unabhängige Variable: Einfluss des Ernährungsfaktors

Abhängige Variable: Kognitives Niveau

Einflüsse des Ernährungsfaktors.

Nach Ihren Kriterien ^wie würden Sie Ihre Ernährung vor dem Besuch der Bildungseinheit bewerten? * Basierend auf Ihren Noten für das Semester ^wie ist Ihre akademische Leistung? [Anzahl, Zeile %, Spalte %].

Würden Sie Ihr Essen nach Ihren Kriterien [como] qualifizieren, bevor Sie zur Bildungseinheit gehen?	Basierend auf Ihren Noten für das Quartal [wie gut sind Sie in der Schule?	Insgesamt

	PAR (5-6)	AAR (7-8)	DAR(9)	
Ungesunde	1,00	2,00	,00	3,00
	33,33%	66,67%	,00%	100,00%
	12,50%	2,44%	,00%	3,16%
Poco gesund	7,00	21,00	,00	28,00
	25,00%	75,00%	,00%	100,00%
	87,50%	25,61%	,00%	29,47%
Gesunde	,00	58,00	1,00	59,00
	,00%	98,31%	1,69%	100,00%
	,00%	70,73%	20,00%	62,11%
Sehr gesund	,00	1,00	4,00	5,00
	,00%	20,00%	80,00%	100,00%
	,00%	1,22%	80,00%	5,26%
Insgesamt	8,00	82,00	5,00	95,00
	8,42%	86,32%	5,26%	100,00%
	100,00%	100,00%	100,00%	100,00%

Abbildung 21. Chi-Quadrat-Test

Quelle: Schüler der 8. Klasse der Schule "Vfctor Emilio Estrada".

Vorbereitet von: Encalada Mirian

Signifikanzniveau: ALFA_0.05% 05%.

Zu verwendende Teststatistik: CHI SQUARE.

Wert: P-Signifikanz

Chi-Quadrat-Tests.

fstadislKB	Wähler		Sig. Asint. P-cotosJ
Pearson's Chi-Quadrat	76,94	6	,000
Grund für die Ähnlichkeit	42,72	6	,000
Linear-by-Lineare Assoziation	29,43	1	,000
N der Fälle vslids	95		

Da der P-Wert kleiner als 0,05 ist, bestätige ich, dass ein Zusammenhang zwischen den Variablen besteht und dass der Einfluss des Faktors Ernährung das kognitive Niveau beeinflusst.

Schlussfolgerungen

Aus den Referenzdaten, den verarbeiteten Daten und den Ergebnissen der statistischen Analyse sowie den Schlussfolgerungen, die sich daraus in

Übereinstimmung mit den vorgeschlagenen Zielen ergeben, lassen sich folgende Schlussfolgerungen ziehen:

> Die Lehrkräfte sind sich einig, dass der Faktor Ernährung in der Unterrichtseinheit gefördert werden sollte, um das Lernen der Schüler zu verbessern.

> Die Lehrerin bekräftigt, dass sich das kognitive Niveau der Schüler der achten Klasse verbessern muss, damit die Qualität der Bildung zu hochwertigen Ergebnissen führt.

> Die Schüler essen einmal täglich nahrhaftes Essen in der Unterrichtseinheit, was uns zu der Annahme veranlasst, dass die meisten Schüler nahrhaftes Essen zu sich nehmen.

> Die Schüler zeigen Erwartungen und sind neugierig darauf, ihr kognitives Niveau zu verbessern und die Ergebnisse dieser Verbesserung zu kennen.

> Dieses Projekt stützt sich statistisch auf das Chip-Quadrat, mit dem nachgewiesen wird, dass die unabhängige Variable mit der abhängigen Variable in einem hinreichend deutlichen Zusammenhang steht, wie im Projekt gezeigt wird.

Empfehlungen

Folgendes wird empfohlen:

> Es ist notwendig, dass der Lehrer in Bezug auf den Faktor Ernährung ständig geschult wird, damit er seinen Schülern auf direkte und praktische Weise helfen kann, kurzfristig Ergebnisse zu erzielen.

> Es ist notwendig, dass der Lehrer den Schüler durch den Unterricht, den er im Klassenzimmer erteilt, motiviert, sein kognitives Niveau zu verbessern.

> Damit sich die Schüler besser ernähren und nicht nur in der Schule nahrhaftes Essen zu sich nehmen, müssen die gesetzlichen Vertreter der Schüler geschult werden, damit sich ihre Ernährung zu Hause verbessert.

> Die Verbesserung des kognitiven Niveaus des Schülers erfordert, dass die Erziehung zu diesem Faktor von der Praxis ausgeht, die den Lehrer und auch die Eltern als direkt verantwortlich für den Schüler zeigt.

> Der Vorschlag dieses Projekts besteht darin, den traditionellen Unterricht durch einen aktuellen und technologischen zu erneuern, der auf einer guten Ernährung mit Hilfe des quadratischen Chip-Programms basiert, da es mit

Sicherheit seine Durchführbarkeit im Projekt zeigt.

KAPITEL IV

DER VORSCHLAG

GESTALTUNG EINES INTERAKTIVEN MULTIMEDIA-FÜHRERS

Rechtfertigung

In der ausgearbeiteten Untersuchung wird deutlich, dass der Ernährungsfaktor auf der kognitiven Ebene einen innovativen Vorschlag erfordert, der sowohl die pädagogische Vision der Ernährungswissenschaftler als auch die Formen und Techniken der Lehrer, die sich den Unterrichtsprozessen nähern, verändert. Dieser Vorschlag stimmt mit unserer Vision einer konstruktivistischen und technischen Bildung überein, in der sich die traditionelle und oft veraltete Rolle sowohl des Lehrers als auch des Schülers ändert und mehr interaktive Prozesse und gegenseitige Konstruktionen für das Lernen gefördert werden.

Die Methoden dieser Art sowie die Rollen und Funktionen von Lehrern und Schülern ändern sich radikal im Vergleich zu den Vorstellungen, die in der traditionellen Bildung vorherrschen.

Der interaktive Leitfaden, wie sein Name schon sagt, schlägt eine Änderung der Strategien vor und erreicht durch diese Änderungen nicht nur ein Lernen mit Blick auf die Ernährung, sondern auch einen freieren, kontinuierlichen und technologischen Zugang, der Zeit freisetzt, die für die Praxis und die Verstärkung genutzt werden kann, was durch Workshops, technologische Praktiken im Bereich der Multimedia, durch Spiele und die Konstruktion des Gedankens, der die Kreativität des Schülers im Klassenzimmer nimmt, sein kann, da in der traditionellen Ausbildung die Entwicklung des Lernens durch die übermäßige Zeit, die in der Entwicklung der Klasse und der monotonen Form der Erklärung genommen wird, vermindert wird.Die   Lehrer   .

Bei der Analyse des Problems, der geringen Nutzung des Faktors Ernährung und der didaktischen Ressourcen in der Bildungseinrichtung "Vfctor Emilio Estrada" des Kantons Playas der Stadt Guayaquil, wurde es als wichtig erachtet, den Schülern einen interaktiven Leitfaden über gute Ernährung für das Lernen zu präsentieren, um verschiedene und motivierende Optionen anzubieten, die bei der Auswahl und Organisation von Aktivitäten helfen, die eine bessere schulische Leistung erzielen.

Ziel ist die Einführung eines interaktiven Leitfadens zur Verbesserung der

Qualität des Lernens in der achten Klasse des EGB, um effektivere Bildungsergebnisse zu erzielen, bei denen die pädagogischen Prozesse richtig ablaufen und das Lernen den Schülern zugute kommt, da nur so die erwarteten Ergebnisse erzielt werden können.

Zweifellos wird die Anwendung des interaktiven Leitfadens von großem Nutzen für die Bildungseinheit sein, da es sich um ein digitalisiertes Werkzeug zur Unterstützung der Bildungstechnologie handelt, das für die Bildung von großer Bedeutung sein wird, da es in der Lage sein wird, schnell zu wissen, was man technologisch will, und schnelle und rechtzeitige Entscheidungen zu treffen, um bessere technologische Prozesse des Lernens und der Wissenschaft zu erreichen.

Zielsetzungen

Allgemeine Zielsetzung

Entwicklung eines interaktiven Multimedia-Leitfadens, der als Hilfsmittel für den Lehr- und Lernprozess von Schülerinnen und Schülern der achten Klasse unter Verwendung von Multimediatechnologien und freier IKT-Software dienen soll.

General Basica de la Unidad Educativa "Vfctor Emilio Estrada" verbessern die Entwicklung des Ernährungsfaktors der kognitiven Ebene erheblich.

Spezifische Zielsetzungen

> Studenten und Lehrern durch technologische und multimediale Dienste praktische Erfahrungen im Bereich der neuen Technologien und Informationsstrategien zu vermitteln.
> Den Lehrern die Möglichkeit zu geben, den Faktor Ernährung im Unterricht zu vermitteln.
> Verbesserung der schulischen Leistungen durch die Entwicklung eines interaktiven Multimedia-Leitfadens zum Thema gesunde Ernährung.

Theoretische Aspekte

Interaktiver Multimedia-Führer

Von entscheidender Bedeutung ist der Einsatz des interaktiven Leitfadens als technologisches Mittel, das die Schüler durch Videos, Musik und Bilder auf eine aktive

Art und Weise beim Lernen anleitet. Der Leitfaden sollte dynamisch und unterhaltsam sein und versuchen, den Schüler in der Sprache zu erreichen, die für ein einfaches Verständnis des zu behandelnden Themas erforderlich ist.

Einer der wichtigsten Vorteile des interaktiven Leitfadens besteht darin, dass er dazu beiträgt, die Qualität der akademischen Leistungen der Schüler zu verbessern, indem er ihnen eine befriedigende Erfahrung bietet, bei der sie ihre Kenntnisse mit geeigneten Methoden zur Verbesserung der akademischen Leistung erfahren können.

Fernandez, M. (2014) stellt fest, dass:

Dank der Aktivitäten und der interaktiven und künstlerischen Anleitung lernen die Kinder auf eine sinnvolle, individuelle und motivierende Weise. Educaplay, wie auch unzählige andere Websites zur Erstellung interaktiver Aktivitäten, ermöglicht es uns, Sprache und Bilder zu integrieren, um das Verständnis zu erleichtern, audiovisuell zu arbeiten und auf eine dynamischere und unterhaltsamere Weise zu lernen. Darüber hinaus handelt es sich um Aktivitäten, die später zu Hause entsprechend dem Lerntempo und der Entwicklung des Kindes wiederholt werden können; dies wird die Familie dazu ermutigen, aufmerksam zu sein und sich am Lehr-Lern-Prozess zu beteiligen (S.4).

Schließlich erwähnt der Autor die Bedeutung der interaktiven Führer in der Bildung und natürlich die Technologie und den technologischen Fortschritt, dass diese. Er eignet sich zum Nutzen des Schülers, da dieser mit der audiovisuellen Ressource der Bilder und der Stimme unterstützt wird, die leicht mit Hilfe mehrerer Programme entwickelt werden können, die in Reichweite der Schüler sind. Es macht den Unterricht unterhaltsam und dynamisch, unter Ausnutzung der neuesten Technologie, für die Förderung der Bildung auf wissenschaftlicher Ebene.

IKT im Bildungswesen hat in Ecuador eine größere Bedeutung, da der Präsident vorgeschlagen hat, dass alle Schüler in Zusammenarbeit mit den Lehrern mit IKT arbeiten, denn IKT bedeutet Informations- und Kommunikationstechnologie im Bildungswesen. Dies bedeutet Lehren und Lernen durch Bildung.

Fernandez, M. (2014) stellt fest, dass:

Verbesserung des Enthusiasmus und der Freude unserer Schüler am Lernen. Reichtum und Vielfalt der pädagogischen Aktivitäten im Klassenzimmer. Pädagogische Herangehensweise und Kontakt mit IKT. Verbesserte Beziehungen zur Gemeinschaft und Beteiligung (S.5).

Der Autor erwähnt den Reichtum und die Dynamik, die die IKT in der Bildung und im Unterricht bewirken, da die Aktivitäten in den Klassenzimmern vielfältig sind und alle Fähigkeiten der SchülerInnen genutzt werden, was die Verbesserung der Bildung durch IKT bereichert.

Grundstruktur eines interaktiven Multimedia-Guides

Die Grundstruktur eines interaktiven Leitfadens hängt davon ab, was Sie tun wollen, aber erfüllen einen grundlegenden Standard, der zu lehren, zu führen, zu stärken Lernen und Wissen, in diesem Fall die Lehre der Ernährung richtig zu verhindern, Krankheiten oder Probleme, die durch schlechte Ernährung wie Anämie und schlechte schulische Leistungen bei Jugendlichen der Bildungseinheit "Vfctor Emilio Estrada" des Kantons Playas.

Yucta, L. (2015) stellt fest, dass:

Die für die Erstellung des interaktiven Multimedia-Guides verwendeten Tools. Neobook, Xara Menu Maker, um auf einfache Weise Menüs zu erstellen, YouTube, mit dem Sie Videos in verschiedenen Formaten hoch- und herunterladen können, Online-Logo zum Konvertieren, Audacity dient als Programm, mit dem Sie Audios in verschiedenen Formaten aufnehmen und bearbeiten können, WordPad ist ein einfacher Texteditor, mit dem Sie Dateien erstellen können (S. 67-69).

Schließlich erwähnt der Autor die Werkzeuge, die für die Ausarbeitung eines interaktiven Leitfadens grundlegend sind, da dies die Werkzeuge sind, die zur Ausarbeitung dienen, aber es gibt noch viele weitere, die auf unterschiedliche Weise oder in verschiedenen Formen sind, aber alle haben eine Ordnung und sollten in einer organisierten Weise verwendet werden, je nachdem, was Sie präsentieren wollen, der Leitfaden sollte klar, einfach und dynamisch für das beste Lernen des Schülers sein.

Für eine Verbesserung des Lehrplans ist die Grundstruktur eines interaktiven multimedialen Leitfadens erforderlich, damit der Lehrer einen Unterricht entsprechend seinen Kenntnissen erteilen kann, in dem er ein umfassenderes Lernen vermitteln kann, wie es die Technologie im Bildungswesen erfordert.

Dominguez, P. (2012) stellt fest, dass:

Ein interaktiver Leitfaden für technologische Ressourcen ist ein Werkzeug, das uns hilft, die korrekte Nutzung neuer technologischer Ressourcen Schritt für Schritt zu erlernen, und diese können in jedem beruflichen Bereich sehr nützlich sein, und vor allem im Bildungsbereich müssen die Lehrer ständig auf dem Laufenden gehalten werden, da die technologischen Veränderungen derzeit überwältigend sind (S.52).

Abschließend weist der Autor darauf hin, dass es notwendig ist, bei der Nutzung der technologischen Hilfsmittel eine Ausbildung zu absolvieren, da diese durch die technologischen Veränderungen, die die Informations- und Kommunikationstechnologie mit sich gebracht hat, sehr hilfreich für die Ausbildung der Schüler sind.

Die Bedeutung eines interaktiven Multimedia-Leitfadens

Der interaktive Multimedia-Leitfaden soll den Schülern helfen, ihr Wissen und ihre akademischen Leistungen zu verbessern, da sich die Technologie schnell und weltweit weiterentwickelt hat.

Aguirre, M. (2011) erwähnt dies:

Die Bedeutung des interaktiven Leitfadens ist ein wertvolles Instrument, das den Grundlagentext ergänzt und dynamisiert; durch den Einsatz kreativer didaktischer Strategien ersetzt er die Anwesenheit des Lehrers und schafft eine Umgebung des Dialogs, um den Schülern vielfältige Möglichkeiten zu bieten, die das Verständnis und das Selbstlernen verbessern. (p.14).

Die Ausbildung und der Ausbildungsprozess erfolgt mit Hilfe eines interaktiven Leitfadens, da es sich um ein wertvolles technologisches Instrument handelt, das, wie der Autor erwähnt, eine wichtige Rolle für die Lehrer in ihren Klassen spielen kann, indem es ein besseres Verständnis für die Bildung vermittelt, wobei zu bedenken ist, dass die Hauptachse in der Bildung die Technologie ist, die sich ständig weiterentwickelt.

Der interaktive Leitfaden ist eine neue technologische Ressource, die sich in den Händen einer ganzen Gesellschaft befindet und die Ausbildungsmethodik verändert, indem sie eine Reihe von wichtigen Werkzeugen entwickelt, so dass sich der Schüler in einigen Fällen unabhängig und in anderen Fällen in einer Gruppe in seinem Lernprozess entwickeln kann.

Die Technologie ist heute eine Strategie, die für den Unterricht genutzt werden muss, denn die Schüler sind besonders fasziniert von technologischen Innovationen, die auf didaktischen Inhalten basieren, um die Qualität des interaktiven und verständlichen Unterrichts zu verbessern. Dem Lehrer wird eine moderne Methodik an die Hand gegeben, die für die Vermittlung der im interaktiven Multimedia-Guide gefundenen Inhalte verantwortlich ist.

Die wichtigsten Vorteile, die dieser Vorschlag in seiner Anwendung enthält, sind

> Stärkung und Erneuerung der Kenntnisse der Lehrkräfte, da sie für den Unterricht zuständig sind.

> Die Anwendung des interaktiven Leitfadens führt dazu, dass die Schüler aufmerksam am Unterricht teilnehmen und hervorragende schulische Leistungen erbringen.

> Die heutige Technologie ist ein Anstoß, das Lernen auf praktische Weise zu rationalisieren, mit dem einzigen Ziel, das Lernen zu verbessern und den traditionellen Unterricht abzuschaffen.

> Die interaktiven Selbsteinschätzungen des Leitfadens ermöglichen es den Schülern, sich den Inhalt des Leitfadens als Lerntechnik anzueignen.

> Die Video-Tutorials versuchen, die Informationen auf auditive und visuelle Weise zu vermitteln, um sie so oft zu wiederholen, wie der Schüler es für notwendig hält, bis er das Wissen vollständig erworben hat.

Aguirre, M. (2011) erwähnt dies:

Interaktive Leitfäden haben in letzter Zeit eine tiefgreifende Entwicklung durchgemacht. Heutzutage halten sie ein Gleichgewicht zwischen grundlegender Informatik, dokumentarischen Quellen und dem Vorschlag von Aktivitäten. Dabei können Lehrer und Schüler die Inhalte und Aktivitäten auswählen, die für die gewählte Lehr- und Lernstrategie am besten geeignet sind, sowie den textlichen und dokumentarischen Teil als Lernsequenz (S.12).

Kurz gesagt, die interaktiven Lernhilfen sind als technologische Lernmittel von großer Bedeutung, da die Schüler bei der Vertiefung ihrer Kenntnisse gute akademische Leistungen erbringen können, wobei die technologischen Mittel die Motivation des Lehrers für eine qualitativ hochwertige Ausbildung verändert haben.

Der Zweck dieses pädagogischen Vorschlags ist die Ausarbeitung eines interaktiven multimedialen Leitfadens unter Verwendung von IKT, bei dem der Lehrer die Technologie als unterstützendes Werkzeug einsetzen muss, um die Qualität der akademischen Leistung von Schülern der achten Klasse zu verbessern und zu optimieren.

Die Gestaltung eines interaktiven Multimedia-Leitfadens im Bildungswesen ist in allen

Bildungsaktivitäten als Anwendung methodischer Strategien des Lehrens und Lernens notwendig, da sie die Entwicklung positiver Aspekte für die akademischen Leistungen der Schüler ermöglicht, um

In einer Gesellschaft, die sich im Wandel befindet, müssen die Herausforderungen auf andere Weise bewältigt werden.

In der heutigen Bildung benötigen Lehrer, die vollständig in der Verwendung von IKT-freier Software geschult sind, um die Veränderungen und Vorteile der Technologie in der Bildung anzusprechen, wo der Lehrer dem Schüler helfen kann, eine umfassende Entwicklung in der akademischen Leistung zu erreichen, was den Prozess des Erfolgs ermöglicht, der als Hauptziel die Verbesserung in ihrer akademischen Ausbildung und dauerhaft hat.

Cardenas, P. (2013) stellt fest, dass:

Der didaktische Leitfaden ist ein digitales oder gedrucktes Instrument zur technischen Orientierung des Schülers, das alle Informationen enthält, die für die korrekte Nutzung und den gewinnbringenden Umgang mit den Elementen und Aktivitäten, aus denen sich das Fach zusammensetzt, erforderlich sind, einschließlich der Lernaktivitäten und des eigenständigen Studiums der Inhalte eines Kurses (S.18).

Schließlich erwähnt der Autor, dass der Leitfaden ist eine Reihe von Optionen oder Instrumente auf der Grundlage der Konsens der verschiedenen Standpunkte, und sein Zweck ist es, die Aktivität von der Lehrer, in diesem Fall der Schüler, den Vorschlag der interaktiven Multimedia-Guide für Schüler der achten Klasse erforderlich führen.

Die Mehrheit der Technologien haben einen erheblichen Einfluss in allen Teilen der Welt und auf allen Ebenen auf der Bildungsebene, wo es wichtig ist, die Anstrengungen der Ausbildung der Schüler, so dass für sie die technologische Veränderung und kontinuierliches Lernen führt zu können, eine gute akademische Leistung aus diesem Grund dieser akademischen Prozess kommt von der frühen Bildung zu fördern, dass der Prozess beginnt, von der Bildungs-Umgebungen, für die es notwendig ist, um eine interaktive Multimedia-Guide zu entwickeln.

Um die akademischen Leistungen der SchülerInnen zu verbessern, ist es notwendig, ihre Fähigkeiten im Allgemeinen zu entwickeln, da die SchülerInnen Informationen analysieren und sie in diesem speziellen Fall üben müssen, um das kognitive Niveau zu entwickeln und ein besseres Wissen über die Welt um sie herum mit Hilfe der Technologie zu erlangen.

Gutierrez, R. (2013) stellt fest, dass:

Denken ist die Gesamtheit der Fähigkeiten, über die jeder Einzelne verfügen muss, um alle Arten von Problemen zu lösen und Informationen zu analysieren, das reflektierte Denken und das Wissen über die Welt um ihn herum zu nutzen, um es in seinem Leben und dauerhaft anzuwenden. (p.22).

Schließlich erwähnt der Autor, dass es die Ideen sind, die der Einzelne entwickelt, die ihm in der Zukunft helfen werden, das Lernen auf positive und dauerhafte Weise zu verbessern, und dass dies nicht nur auf den Schüler, sondern auch auf den Lehrer in seinem täglichen und persönlichen Leben angewandt werden kann, um sich akademisch zu verbessern.

Der interaktive Multimedia-Guide kann zu Verbesserungen im Unterricht führen, da der Lehrer sich so vorbereiten kann, wie es am besten zu seinem Unterrichtsthema passt, so dass die Schüler während dieser Stunden aktiv und dynamisch sein können, ohne sich zu langweilen oder faul zu sein, da der Unterricht ihnen viel Dynamik verleiht und sie nicht schläfrig werden, wie es in den meisten Unterrichtsstunden der Fall ist, in denen der Lehrer sie aus Mangel an Wissen oder Technologie nicht aktiv haben kann.

Es ist sehr wichtig, dass der Schüler sich den Veränderungen der Technologie auf der Bildungsebene anschließt und sich von den Vorteilen, die die Technologie bietet, unterstützt fühlt, weil er auf diese Weise seine Bildung sicher und kontinuierlich weiterentwickeln kann, um die großen Vorteile der Technologie zu erreichen; nur auf diese Weise kann der Lehrer die Bildung des Schülers messen, der sich ständig weiterentwickelt. Nach Suarez, M. (2012), definiert er, dass "Wir sollten

Suchen Sie ein Gleichgewicht zwischen dem Lehrer, dem Schüler und den zu diesem Zweck konzipierten Aufgaben oder Aktivitäten" (S.11).

Es ist von großer Bedeutung und notwendig, einen Leitfaden für die Schüler zu erstellen, da sie ihre Fähigkeiten mit Hilfe der Technologie weiterentwickeln und ihre akademischen Leistungen verbessern können. Dieser interaktive Leitfaden hat die Aufgabe, die Schüler zu einem sicheren und dynamischen Lernen anzuleiten.

Durchführbarkeit der Anwendung

Durchführbarkeit

Der Vorschlag ist in hohem Maße realisierbar, weil es sich um eine technologische und innovative Technologie handelt, die derzeit in vollem Gange ist, weil die meisten oder fast alle von ihnen über technologische und kostenlose Ressourcen verfügen, weil der Vorschlag vor allem die Aneignung aller verfügbaren und zu findenden pädagogischen Kenntnisse für den Unterricht und die Schülerressourcen erfordert.

Die zu verwendenden Programme sind leicht zugänglich, z. B. Programme zur Aufnahme von Bildschirmvideos, kostenlose Software in Ecuador und kostenlose Software in den Vereinigten Staaten.

Präsentationen wie PowerPoint, Prezi, Wikis wie Wikispaces, Blogs wie Blogspot, YouTube-Kanäle zur Veröffentlichung von Videos und viele andere aktuelle technologische Ressourcen; diese entstehen durch die Internetverbindung, da es normal ist, dass das Internet überall vorhanden ist, sogar in öffentlichen Bereichen auf den Hauptstraßen oder in Einkaufszentren, aus diesem Grund ist es heute sehr einfach, auf diese Technologie zuzugreifen.

Der interaktive Leitfaden, hat nicht eine curriculare Struktur, die komplex oder ungeeignet für die Schüler oder Lehrer Umwelt, es ist leicht anpassungsfähig in dieser Weise passt sich an jede technologische Methode, die der Lehrer will zu helfen und fördern die Verbesserung der Studie des Schülers, ohne Vernachlässigung der Bedeutung der pädagogischen Grundlagen und Techniken der konstruktivistischen Charakter, der sich auf die curriculare Vorschlag der Bildung wie das gute Leben auf das Abitur und andere.

Die Begriffe der Vermittlung und der pädagogischen Konstruktion lassen sich auf die Projektion von Wissen und den Einsatz von IKT übertragen, da seit einigen Jahren vorgeschlagen wird, diese zu einem der vorrangigen Instrumente zu machen, um den Lehrern die Möglichkeit zu geben, eine solche Übereinstimmung zwischen Lehrpraxis und Lehrplan herzustellen.

Lebensfähig

Dieser Vorschlag ist durchführbar, weil er die Lehrkräfte anleitet, freie IKT-Software im Lehr-Lern-Prozess einzusetzen, so dass die Schüler das erforderliche Wissen durch audiovisuelle Strategien aufnehmen können und so die Qualität der Bildung in der achten Klasse durch die Entwicklung der akademischen Leistungen durch gute Ernährungsgewohnheiten der Schüler verbessern.

Finanzen

Die finanzielle Studie dieses Ernährungsprojekts mit pädagogischer Basis bestimmt die Durchführbarkeit oder Lebensfähigkeit dieser Forschung durch detaillierte Analyse der Informationen mit monetären Charakter, in der jeweiligen Bildungs-Forschungsprojekt erfordert keine besondere Finanzierung, da bereits vorhandene Ressourcen verwendet wurden, die Laptops, Computer, Papier, Lieferungen und Mobilisierung, im Vergleich mit den möglichen Szenarien, die im Bereich der Forschung Umwelt vorgestellt werden, Die Entwicklung der finanziellen Bestimmung basiert vor allem auf den Einsatz von technologischen Werkzeugen, um die Ziele zu erreichen, die vorgeschlagen werden, um eine gute akademische Leistung bei den Schülern durch den Einsatz von IKT-freie Software zu entwickeln und damit zu erreichen, dass das akademische Lernen verbessert wird.

Rechtliches

Rechtsgrundlage dieses Vorschlags ist das Gesetz über die allgemeine Bildung sowie die Aktualisierung und Verstärkung der Lehrpläne für die allgemeine Grundbildung, die in Ecuador umgesetzt werden sollen.

Achter Abschnitt Wissenschaft, Technologie, Innovation und Wissen der Vorfahren Art. 384 - Das nationale System der Wissenschaft, Technologie, Innovation und des Wissens der Vorfahren hat im Rahmen der Achtung der Umwelt, der Natur, des Lebens, der Kulturen und der Souveränität die folgenden Ziele: 1. 2. Wiederherstellung, Stärkung und Aufwertung des überlieferten Wissens. 3. Entwicklung von Technologien und Innovationen, die die nationale Produktion fördern, die Effizienz und Produktivität steigern, die Lebensqualität verbessern und zur Verwirklichung des guten Lebens in Ecuador beitragen.

Organisches Gesetz zur interkulturellen Bildung in seinem: Art. 348.-

Stärkung des öffentlichen Bildungswesens und der Koedukation; Sicherstellung der ständigen Verbesserung der Qualität, der Ausweitung der Reichweite, der physischen Infrastruktur und der notwendigen Ausstattung der öffentlichen Bildungseinrichtungen. 2. Gewährleistung, daß die Bildungseinrichtungen

Demokratische Räume für die Ausübung von Rechten und friedliche Koexistenz. Bildungszentren werden Räume für die Früherkennung von besonderen Bedürfnissen sein.

In den oben genannten Artikeln finden wir die Vorschläge zur Verbesserung der Qualität des Lernens und der akademischen Leistungen, die die Schüler heute in den verschiedenen Bildungseinrichtungen erhalten, gerechtfertigt, außerdem entspricht die Infrastruktur, in der der Lehr-Lern-Prozess entwickelt wird, den Parametern für die Gestaltung und Durchführung des Bildungsprojekts.

Dieses Projekt schlägt die Aktualisierung und Innovation der Technologie und die entsprechenden Änderungen der Techniken und Methoden vor, um die Bildung durch nahrhafte interaktive Bildungsprojekte zu verbessern, die die Qualität des Lernens verbessern, für den Fall, dass irgendeine Art von frühem Bedarf im Lehr-Lern-Prozess gefunden wird, kann darauf hingewiesen werden, dass der Mangel die rechtliche Anwendung dieses Vorschlags erlaubt.

Technik

Die Bildungseinrichtung "Vfctor Emilio Estrada" verfügt über die notwendigen physischen Ressourcen sowie die angemessene Infrastruktur für die Entwicklung der in diesem Vorschlag vorgeschlagenen Aktivitäten und die Zusammenarbeit der gesamten Bildungseinrichtung, so dass die Gestaltung oder Umsetzung in der Bildungseinrichtung von großem Nutzen sein wird, da die Unterstützung der technologischen Gestaltung des Vorschlags auf der Verwendung eines kostenlosen Softwareprogramms basiert, insbesondere des Adobe Flash-Programms, das speziell ein kostenloses Lernmanagementsystem ist, so dass die Schüler eine ausgezeichnete akademische Leistung erzielen können.

Humana

Der Zweck der menschlichen Machbarkeit ist es, eine angemessene und zugängliche Lösung für die Schüler der achten Klasse der allgemeinen Grundbildung der Bildungseinheit "Vfctor Emilio Estrada" zu suchen, da es mit der notwendigen Hilfe der Behörden der Institution zählt, sowie das Interesse und die Motivation der Lehrer und Schüler, die die wichtigsten und wichtigen Förderer für die Entwicklung dieses Forschungsprojekts in der Verwendung von freier Software IKT zur Verbesserung des Lernens und der akademischen Leistung in der, die Teil des Design-Prozesses der interaktiven Multimedia-Guide, um eine sehr positive Wirkung zu erzielen sind.

Bewerbungspolitik

Die Ausführung des Vorschlags erfolgt unter den von der Fakultät für Philosophie, Literatur und Erziehungswissenschaften festgelegten und erwarteten Maßnahmen für die Gestaltung des interaktiven multimedialen Leitfadens im Bereich Ernährung, zu dessen wichtigsten Merkmalen die folgenden gehören

> Vermeiden Sie Software-Piraterie, um den Vorschlag zu entwerfen.
> Entwurf eines praktischen, innovativen, didaktischen, interaktiven und auf jedem Computer ausführbaren Inhalts für den vorgeschlagenen Bereich.
> Der Entwurfsprozess sollte sich nach dem Auftrag und dem Bereich richten, den Sie unterrichten möchten.

Beschreibung des Vorschlags

Das Design des Vorschlags wurde für die Umsetzung einer interaktiven technologischen Ressource gemacht, um das Lernen zu erleichtern, die durch die Analyse in der Bildungseinheit "Vfctor Emilio Estrada" an die Lehrer und Schüler der achten Klasse der Grundbildung, die das Bedürfnis haben, zu integrieren, um ihre Lehr-Lern-Prozess verschiedene Techniken, die die Entwicklung von Wissen in einer spezifischen Art und Weise zu fördern erzeugt wird.

Dieser Vorschlag zielt darauf ab, mit der Institution zusammenzuarbeiten und den traditionellen Unterricht in einen modernen umzuwandeln, da die Möglichkeiten der interaktiven Strategien und innovativen Kommunikationsformen, die für den Fortschritt, die Optimierung und den Umfang der Bildungsarbeit vorgeschlagen werden, ampKa sind. Sie dienen als Unterstützung.

Der interaktive Multimedia-Leitfaden öffnet sich, dann erscheinen Pfeile, einer auf der linken und einer auf der rechten Seite, wobei die Seite, die den Pfeil anzeigt, den Zugang zur Aktivität des Blocks ermöglicht. Jedes Thema der Blöcke enthält Ernährungsinformationen und dann Aktivitäten, die sich auf das Thema beziehen, damit die Schüler mehr darüber erfahren.

Abbildung 1: Grundstruktur eines interaktiven pädagogischen Leitfadens

Quelle: Unidad Educativa" V^ctor Emilio Estrada **Autor**: Mirian Encalada Camaz

Für eine Verbesserung des Lehrplans ist die Grundstruktur eines interaktiven multimedialen Leitfadens über den Ernährungsfaktor erforderlich, um dem kognitiven Niveau des Schülers und des Lehrers zu helfen, eine Ausbildung zu bieten, die ihren Kenntnissen entspricht und ein umfassenderes Lernen im Einklang mit der Entwicklung der Technologie im Bildungswesen ermöglicht.

Yanes, E. (2010) definiert das:

Ein interaktiver multimedialer Leitfaden für technologische Ressourcen ist ein Werkzeug, das uns hilft, die korrekte Nutzung neuer technologischer Ressourcen Schritt für Schritt zu erlernen. Sie können in jedem beruflichen Bereich sehr nützlich sein, und vor allem im Bildungsbereich müssen die Lehrer ständig auf dem Laufenden gehalten werden, da die technologischen Veränderungen derzeit überwältigend sind (S.10).

Die Autorin ist der Meinung, dass der interaktive Multimedia-Leitfaden bei der

Ausbildung im Umgang mit den technologischen Werkzeugen hilfreich ist, da er durch die technologische Entwicklung, die im Laufe der Zeit stattgefunden hat, die Ausbildung der Schüler unterstützt.

Ein interaktiver multimedialer Leitfaden trägt dazu bei, die technologischen Kenntnisse des Lehrers zu fördern, was ein wichtiges Ziel beim Unterrichten von Schülern ist, da er eine positive Rolle bei der Ausbildung der Schüler auf ihrem Bildungsniveau spielt.

Hardware-Anforderungen

Prozessor:	INTEL (R) CORE (TM) i5 3317 U CP@
RAM-Speicher:	4,00 GB
Festplatte:	320 GB SAMSUNG SATA
Tastatur:	PS STANDARD
Monitor:	SAMSUNG LCD 19" SCHWARZ
Betriebssystem:	WINDOWS 8 EINZELNE SPRACHE.

Redner.

Dies sind die grundlegenden Komponenten für die Funktion eines PCs.

Software-Anforderungen

Prozessor	DUAL
Karte	VIDEO
Festplatte von	250 GB M^NIMO
RAM-Speicher von	ZWEI GB

Windows-kompatible Maus

Windows-kompatible Soundkarte

Windows-kompatible Grafikkarte

Erfordert Internet Explorer

Unterstützte Betriebssysteme: Windows XP, Vista (32/64bit), Windows 7 (32/64bit).

Dies sind die Elemente, die für das Programm Adobe Flash Player erforderlich sind, um die Anwendungen des interaktiven Multimedia-Leitfadens zu nutzen und auszuführen.

GANTT ZEITPLAN

INTERAKTIVER MULTIMEDIALER LEITFADEN ÜBER DEN FAKTOR
AKTIVITÄT
SCHRITTE ZUR ENTWICKLUNG EINES INTERAKTIVEN LEITFADENS
ADOBE FLASH PLAYER SOFTWARE
INTERAKTIVER LEITFADEN
ANALYSE DER TEMA
STUDIENBEREICH
INFORMATIONSEINHOLUNG
TEXTINHALT
BILDER HERUNTERLADEN
VIDEO DOWNLOAD
ERSTELLUNG EINES MENÜS
LEHRER-EINFÜHRUNG
SOZIALISIERUNG MIT STUDENTEN
BLOCK 1
BLOCK 2
BLOCK 3
BLOCK 4
VIDEOS
BEWERTUNGEN
ENDE
TERMINE

Jan. 25/15	16/30. Februar	Mär. 1/15	Apr. 16/29	Mai. 1/15	Jun. 16/30	jul.	Aug. 16/28	Sep. 2/28	29/30. Oktobe	24.11.30

Schlussfolgerungen

> Die Einführung des interaktiven Multimedia-Leitfadens wird als Antrieb für den Fortschritt einer zeitgemäßen Bildung angesehen, die als Vermittler für ein einfaches Verständnis des Lernprozesses dient.

> Der Vorschlag eines interaktiven multimedialen Leitfadens für den Faktor Ernährung ist eine innovative und dynamische Wahl und wird zu einer Technik, die das Interesse an der Entdeckung neuer Kenntnisse weckt.

> Es muss betont werden, dass nicht alle Lehrer, die in der Einrichtung arbeiten, bereit sind, ihre traditionelle Methodik durch die aktuelle zu ersetzen, da sie an den alten und langweiligen Klassen festhalten, weil sie keine Kenntnisse in Informatik haben und noch weniger über den Ernährungsfaktor, ohne der technologischen Aktualisierung nachzugeben.

Empfehlungen

Die nachstehenden Empfehlungen richten sich vor allem an die Lehrkräfte, da die Einführung der Technologie im Unterricht für einige Lehrkräfte ein Problem darstellt, da sie nicht wissen, wie sie diese technologischen Mittel beherrschen sollen.

> Es ist wichtig, dass der Prozess der Anwendung technologischer Mittel geplant und schrittweise erfolgt, da Veränderungen nicht von heute auf morgen möglich sind.

> Nutzung des interaktiven multimedialen Leitfadens über den Faktor Ernährung als Unterstützung im Unterricht.

> Stets auf dem neuesten Stand der Technik zu sein und den Unterricht mit Kreativität und Dynamik zu erneuern.

> Interaktion mit den Schülern mit Hilfe technologischer Mittel, um den Unterricht durch ihre Teilnahme an den festgelegten Themen zu verstärken.

> Technologische Hilfsmittel sind eine Möglichkeit, in der Gegenwart zu lernen, denn die Lehrkräfte müssen die Angst vor ihrer Nutzung verlieren und mehr über ihre Funktionalitäten lernen.

Schaubild Nr. 2. Anwendung des interaktiven Multimedia-Führers

MANUAL DE USUARIO

GUIA INTERACTIVA MULTIMEDIA

UNIDAD EDUCATIVA
"VICTOR EMILIO ESTRADA"
DEL CANTON PLAYAS

FACTOR NUTRICIONAL EN EL NIVEL COGNITIVO

PARA LOS ESTUDIANTES DE 8 OCTAVO GRADO
DE EDUCACION GENERAL BASICA.

QUELLE: PÄDAGOGISCHE EINHEIT "VICTOR EMILIO ESTRADA".

AUTOR: Mirian Encalada

SCHRITTE ZUR INSTALLATION DES ADOBE FLASH PLAYER PROGRAMMS.

1.- wir fahren fort, das Programm herunterzuladen und auf dem Computer zu installieren.

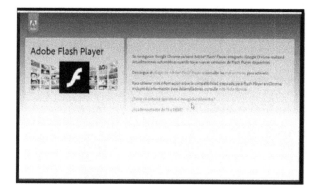

2 In diesem Schritt wählen wir in Schritt 1 das Betriebssystem und in Schritt 2 die Version aus.

3 Auf der Festplatte erscheint ein Fenster, in dem wir die Installation des Programms zulassen, indem wir auf die Schaltfläche "Ja" und dann auf das Symbol "Jetzt herunterladen" klicken.

4 Sobald die Datei heruntergeladen ist, doppelklicken Sie darauf, um sie als Administrator auszuführen.

5 In diesem Schritt erscheint das folgende Fenster und wir klicken auf das Kontrollkästchen "Nie nach Updates suchen" und klicken auf "Weiter".

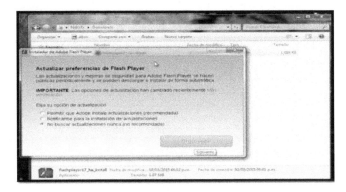

6 Das folgende Fenster des Installationsprozesses wird angezeigt, und wenn er abgeschlossen ist, klicken wir auf FINISH.

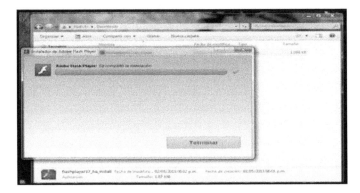

7 In diesem Schritt können wir das bereits auf dem Computer installierte ADOBE FLASH PLAYER-Fenster anzeigen lassen.

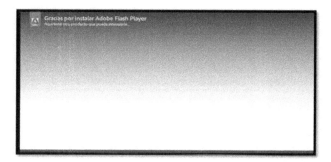

8 In diesem Schritt finden wir den ersten Arbeitsbildschirm des interaktiven Multimedia-Leitfadens zum Thema Ernährung für die Schüler der achten Klasse der Grundbildung.

MANUAL INSTRUCTIVO
PARA EL USO DE LA
GUIA INTERACTIVA
MULTIMEDIA SOBRE EL FACTOR NUTRICIONAL

UNIDAD EDUCATIVA
VICTOR EMILIO ESTRADA

Fuente: Unidad Educativa "Victor Emilio Estrada".

Autor: MIRIAN ENCALADA

AKTIVITÄT NR. 1

Ernährungspyramide

Quelle: Bildungseinheit "Vfctor Emilio Estrada" des Kantons Playas.

Die Autoren: Encalada Camas Mirian Janneth

Zielsetzung:

die Ernährung experimentell zu analysieren und mit der Lebensmittelpyramide in Beziehung zu setzen und die Bedeutung der Ernährung im täglichen Leben zu beurteilen.

Inhalt:

Bei dieser Aktivität geht es um die Lebensmittelpyramide, bei der die Schüler ihr Wissen durch Aktivitäten verstärken und mit einer anderen Methode lernen. Jede dieser Optionen ist leicht zu motivieren und zu leiten, deren Ziel es ist, die Bedeutung der Ernährung für ein gesundes Leben zu schätzen.

Verfahren:

Ziel dieser Aktivität ist es, dass die Schüler mit ihren eigenen Kriterien die Lebensmittel entsprechend ihrer Klassifizierung (Lebensmittelpyramide) richtig einordnen können.

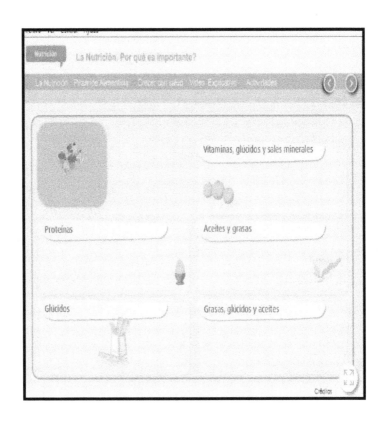

	Bildungseinheit "Victor Emilio Estrada"			Schulzeit 2015-2016		
	KOMPETENZPLAN MIT LEISTUNGSKRITERIEN					

INFORMATIVE DATEN:						
LEHRER:	KURS A:	Klasse/Kurs	Parallel oder	ANZAHL DER PERIODEN:	STARTDATUM:	
Mirian Encalada Camaz	Nährstofflicher Faktor	8°	A, B	7		

Bildungsziel des Moduls/Blocks:	Übergreifend / Institutionell
Block Nr. 1	1.- Gutes Leben
Ernährungspyramide	Gesundheitsvorsorge und Freizeitgewohnheiten von Studenten.
die Ernährung experimentell zu analysieren und mit der Lebensmittelpyramide in Beziehung zu setzen und die Bedeutung der Ernährung im täglichen Leben zu beurteilen.	Lernachse / Makrofähigkeit
	Biologische und psychologische Entwicklung in Übereinstimmung mit dem Alter und dem sozio-ökologischen Umfeld, Ernährungs- und Hygienegewohnheiten, produktive Nutzung der Freizeit.
Bildungsziel der Fertigkeit	Integration der Lehrplanachse des Gebiets

	Entwicklung von logischem, reflektierendem und praktischem Denken, um den Nährwert im Leben zu interpretieren.
- die Bedeutung der Ernährung zu erkennen und zu schätzen, um Präventionsstrategien für ihre biopsychosoziale Gesundheit zu entwickeln.	**Wesentliche integrierende curriculare Achse der Bewertung**
	Rechtfertigt die Bedeutung von Wissen und Respekt für den eigenen Körper, um ein gesundes Leben zu führen.

Zu entwickelnde Fertigkeiten mit Leistungskriterien:

Die Bedeutung der Ernährung aus der Beobachtung der audiovisuellen Bilder, der Identifizierung und der Beschreibung ihrer Merkmale zu lösen.

PLANUNG NR. 1

Methodische Strategien	Ressourcen	Indikatoren für die Erreichung	Bewertungsinstrument
Ernährungspyramide **Motivation:** Brainstorming **Reflexion:** Überprüfen Sie Ihr Wissen über die Ernährung durch ein Brainstorming. **Beschreibung des Problems:** Die Lebensmittelpyramide ist ein allgemeiner Leitfaden für die Wahl einer gesunden Ernährung. Sie gibt eine Orientierung darüber, wie eine gesunde und ausgewogene Ernährung aussehen sollte, die die Menge und die Art der Lebensmittel umfasst, damit der Schüler weiß, wie wichtig sie ist, da die Lernfähigkeit und die Lebensqualität davon abhängen. Auf diese Weise wird die Ernährung auf den Plan für ein gutes Leben im Land abgestimmt. **Problemanalyse** -Erkennen der Elemente der Lebensmittelpyramide für die Bedeutung einer guten Ernährung. **Lösungsalternativen formulieren** -Realisierung der motivierenden Lektüre und Annäherung an die Ideensätze des Themas für jedes Thema. **Auflösung** Die Schüler sollten erklären, welche Vorteile die Kenntnis der Ernährungspyramide hat.	• Gtia des Lehrers. • Notebook - Markierungen - Materialien aus der Umwelt (Früchte, etc.)	Bringen Sie die Vorteile einer guten Ernährung zum Ausdruck. Eine angemessene Stellungnahme zur Ernährung abzugeben, gesundheitssc hädigende Präventivmaßn ahmen anzuwenden.	**Technik:** Beobachtung **Instrument:** Checkliste Anwendung und Demonstration

Tätigkeit Nr. 2

Respekt vor dem Frühstück

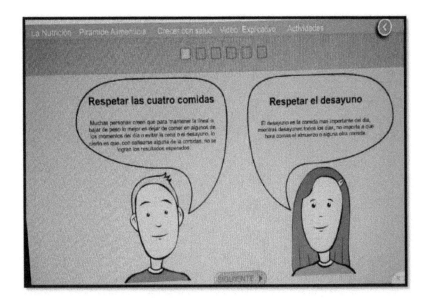

Quelle: Unidad Educativa "VKtor Emilio Estrada" del canton Playas.

Autor: Encalada Camas Mirian Janneth

Zielsetzung:

Zu Beginn des Studiums der Ernährung im Rahmen der Unterrichtseinheit sollte man sich vor Augen halten, dass das Frühstück die Grundnahrung des menschlichen Körpers und Teil der Entwicklung seiner kognitiven Fähigkeiten ist.

Inhalt:

Bei dieser Aktivität geht es darum, die Bedeutung des täglichen Frühstücks zu analysieren und zu verstehen, wobei die Schüler ihr Wissen durch die Aktivität erweitern, indem sie die Option wählen, die das Ziel hat, die akademischen Leistungen zu verbessern.

Verfahren:

Ziel dieser Übung ist es, das erworbene Wissen zu testen, indem der Schüler die richtige Alternative zu der gestellten Frage auswählt.

Quelle: Bildungseinheit "Vfctor Emilio Estrada" des Kantons Playas.

Autor: Encalada Camas Mirian Janneth

ZeitraumSchulzeitraum	
Bildungseinheit "Victor Emilio Estrada "	2015-2016

KOMPETENZPLAN MIT LEISTUNGSKRITERIEN
Artikel 11 Absatz i, Artikel 40 und 42
INFORMATIVE DATEN:

LEHRER:	THEMA:	Klasse/Kurs	Parallel	ANZAHL DER PERIODEN:	STARTDATUM :
Mirian Encalada Camaz	Nährstofflicher Faktor	8°	A, B	7	

Bildungsziel des Moduls/Blocks:	Übergreifend / Institutionell
Block N° 1 Frühstück respektieren Zu Beginn des Studiums der Ernährung im Rahmen der Unterrichtseinheit sollte man sich vor Augen halten, dass das Frühstück die Grundnahrung des menschlichen Körpers und Teil der Entwicklung seiner kognitiven Fähigkeiten ist.	1.- Gutes Leben Gesundheitsvorsorge und Freizeitgewohnheiten von Studenten.
	Lernachse / Makrofähigkeit
	Biologische und psychologische Entwicklung in Übereinstimmung mit dem Alter und dem sozio-ökologischen Umfeld, Ernährungs- und Hygienegewohnheiten, produktive Nutzung der Freizeit.
Bildungsziel der Fertigkeit	**Integration der Lehrplanachse des Gebiets**
die Bedeutung der Ernährung zu erkennen und zu schätzen, um Präventionsstrategien für ihre biopsychosoziale Gesundheit zu entwickeln.	Entwicklung von logischem, reflektierendem und praktischem Denken, um den Nährwert im Leben zu interpretieren.
	Integration der für die Bewertung wichtigen Lehrplanachse

	Rechtfertigt die Bedeutung von Wissen und Respekt für den eigenen Körper, um ein gesundes Leben zu führen.

Zu entwickelnde Fertigkeiten mit Leistungskriterien:

Förderung der Bedeutung des Frühstücks im täglichen Leben der Schülerinnen und Schüler, um eine richtige Ernährungsgewohnheit zu entwickeln.

PLANUNG NR. 2

Methodische Strategien	Ressourcen	Indikatoren für die Erreichung	Bewertungsinstrument
Achtung vor dem Frühstück Motivation: Brainstorming Reflexion: Überprüfen Sie Ihr Wissen über die Ernährung durch ein Brainstorming. Thema Einführung: Verständnis und Analyse der Bedeutung des täglichen Frühstücks. Beschreibung des Problems Erstellen Sie Aktivitäten, die sich auf das tägliche Leben beziehen und die Bedeutung des Frühstücks verdeutlichen, damit die Schüler motiviert sind, täglich zu frühstücken. Problemanalyse Bei der Ausarbeitung von Listen für ein Frühstücksmenü stellen die Schüler ihre Kreativität unter Verwendung von Kriterien, Ideen und Meinungen unter Beweis. Formulieren Sie alternative Lösungen Die Schüler interagieren im Dialog miteinander. Auflösung Die Schüler sollten die Menüliste für ein angemessenes und nahrhaftes Frühstück erklären.	Lehrer-Gwa Notebook Markierungen A4-Bondblätter.	- Schreiben Sie den Speiseplan für das Frühstück und berücksichtigen Sie dabei die Bedeutung der richtigen Ernährung.	Die Technik: Hinweis Instrument: Checkliste für Anwendung und Demonstration

Tätigkeit Nr. 3

Essen einer Vielzahl von Lebensmitteln

Quelle: Bildungseinheit "Vfctor Emilio Estrada" des Kantons Playas.

Autor: Encalada Camas Mirian Janneth

Zielsetzung:

Lebensmittel sind unverzichtbar, denn ihre Vielfalt besteht darin, dass jedes Lebensmittel unterschiedliche Nährstoffe für das richtige Funktionieren unseres Organismus enthält.

Inhalt:

Bei dieser Aktivität geht es darum, die Bedeutung von Lebensmittelvariationen in angemessener Weise zu analysieren und zu verstehen, wobei das Ziel für die Schüler darin besteht, ihre Bedeutung und ihren angemessenen Verbrauch zu kennen.

Verfahren:

Ziel dieser Übung ist es, das erworbene Wissen zu testen, indem der Schüler die richtige Alternative zu der gestellten Frage auswählt.

Quelle: Bildungseinheit "Vfctor Emilio Estrada" des Kantons Playas.

Autor: Encalada Camas Mirian Janneth

Schulzeit						
Uni)-Bildungseinheit "Victor Emilio Estrada "			2015-2016			

KOMPETENZPLAN MIT LEISTUNGSKRITERIEN
Artikel 11 (i), Artikel 40 und 42

INFORMATIVE DATEN:

LEHRER:	THEMA:	Klasse/Kurs	Parallel	ANZAHL DER PERIODEN:	STARTDATUM:
Mirian Encalada Camaz	Nährstofflicher Faktor	8°	A, B	7	

Bildungsziel des Moduls/Blocks:	Übergreifend / Institutionell
Block Nr. 1 Essen einer großen Vielfalt von Lebensmitteln Lebensmittel sind unverzichtbar, denn ihre Vielfalt besteht darin, dass jedes Lebensmittel unterschiedliche Nährstoffe für das richtige Funktionieren unseres Organismus enthält.	1.-Gutes Leben Gesundheitsvorsorge und Freizeitgewohnheiten von Studenten.
	Lernachse / Makrofähigkeit
	Biologische und psychologische Entwicklung in Übereinstimmung mit dem Alter und dem sozio-ökologischen Umfeld, Ernährungs- und Hygienegewohnheiten, produktive Nutzung der Freizeit.
Bildungsziel der Fertigkeit	Integration der Lehrplanachse des Gebiets
- die Bedeutung der Ernährung zu erkennen und zu schätzen, um Präventionsstrategien für ihre biopsychosoziale Gesundheit zu entwickeln.	Entwicklung von logischem, reflektierendem und praktischem Denken, um den Nährwert im Leben zu interpretieren.
	Wesentliche integrierende curriculare Achse der Bewertung
	Rechtfertigt die Bedeutung von Wissen und Respekt für den eigenen Körper, um ein gesundes Leben zu führen.

Zu entwickelnde Fertigkeiten mit Leistungskriterien:
- Sie schätzen und respektieren die Bedeutung einer Vielfalt an eigenen Lebensmitteln.

PLANUNG NR. 3

Methodische Strategien	Ressourcen	Indikatoren für die Erreichung	Bewertungsinstrument
Essen einer großen Vielfalt von Lebensmitteln Motivation: Lehrer-Schüler-Dialog Reflexion: Aktivieren Sie das zuvor gesehene Wissen zum besseren Verständnis. Einleitung: Der Verzehr einer Vielzahl von Lebensmitteln gewährleistet die richtige Aufnahme von Vitaminen und Mineralstoffen. Beschreibung des Problems -Aktivierung des Vorwissens durch die Formulierung von Fragen zum Thema. Problemanalyse - Bei der Ausarbeitung von Fragen zum Thema legt der Schüler seine Meinungen, Kriterien und Vorstellungen dar. Lösungsalternativen formulieren -Schüler interagieren im Dialog miteinander. Auflösung Einzeln oder in der Gruppe einen kognitiven Organizer der Nahrungsmittelsorten für unseren Körper erstellen.	Beruf des Lehrers Notebook - Markierungen - A4- Bondblätter, Papierhandtuch	Bestimmen Sie, wie wichtig es ist, die Lebensmittel in Ihrer Ernährung jeden Tag zu variieren. schätzt und respektiert seinen Körper	Die Technik: Beobachtung Instrument: Anmeldung Bewertungstätigkeit

Tätigkeit Nr. 4

Vermeiden Sie überschüssiges Salz

Quelle: Bildungseinheit "Vfctor Emilio Estrada" des Kantons Playas.

Autor: Encalada Camas Mirian Janneth

Zielsetzung:

Nutzen Sie den Salzkonsum in angemessener Weise und verstehen Sie den richtigen Umgang mit Salz, um ein gesundes Leben zu führen.

Inhalt:

In dieser Aktivität geht es um die Analyse und das Verständnis der Bedeutung der Vermeidung von übermäßigem Salz, wobei die Schüler den guten Gebrauch von Salz begründen müssen.

Verfahren:

Ziel dieser Übung ist es, das erworbene Wissen zu testen, indem die Schüler die richtige Antwort auf die gestellte Frage wählen.

Quelle: Bildungseinheit "Vfctor Emilio Estrada" des Kantons Playas.

Autor: Encalada Camas Mirian Janneth	Bildungseinheit "Victor Emilio Estrada"		Schulzeit
			2015-2016
	KOMPETENZPLAN MIT LEISTUNGSKRITERIEN		

INFORMATIVE DATEN:					
LEHRER:	THEMA:	Klasse/Kurs	Parallel	ANZAHL DER PERIODEN:	STARTDATUM:
Mirian Encalada Camaz	Nährstofflicher Faktor	8°	A, B	7	

Bildungsziel des Moduls/Blocks:	Übergreifend / Institutionell
Block Nr. 1 Salzüberschuss vermeiden	1.- Gutes Leben
Nutzen Sie den Salzkonsum in angemessener Weise und verstehen Sie den richtigen Umgang mit Salz, um ein gesundes Leben zu führen.	Gesundheitsvorsorge und Freizeitgewohnheiten von
	Lernachse / Makrofähigkeit
	Biologische und psychologische Entwicklung in Übereinstimmung mit dem Alter und dem sozio-ökologischen Umfeld, Ernährungs- und Hygienegewohnheiten, produktive Nutzung der Freizeit.
Bildungsziel der Fertigkeit	**Integration der Lehrplanachse des Gebiets**
	Entwicklung von logischem, reflektierendem und praktischem Denken, um den Nährwert im Leben zu interpretieren.
- die Bedeutung der Ernährung zu erkennen und zu schätzen, um Präventionsstrategien für ihre biopsychosoziale Gesundheit zu entwickeln.	**Wesentliche integrierende Lehrplanachse der Bewertung**
	Rechtfertigt die Bedeutung von Wissen und Respekt für den eigenen Körper, um ein gesundes Leben zu führen.

Zu entwickelnde Fertigkeiten mit Leistungskriterien:
Analyse des Salzverbrauchs in Lebensmitteln.
PLANUNG NR. 4

Methodische Strategien	Ressourcen	Indikatoren für die Erreichung	Bewertungsin strument
Vermeiden Sie überschüssiges Salz **Motivation:** Brainstorming **Reflexion:** Überprüfen Sie das erworbene Wissen. **Thema Einführung: Ein übermäßiger Salzkonsum kann das Risiko von Krankheiten erhöhen.** **Beschreibung des Problems** - Besuchen Sie Verwandte und Freunde, um ein Konzept zum Thema zu erarbeiten. Schreiben Sie Ihre Ideen auf, indem Sie Ihr eigenes Denken entwickeln und so Ihr eigenes Konzept entwickeln. **Problemanalyse** - Vergleichen Sie die Ergebnisse miteinander, um festzustellen, wann sie die höchste Punktzahl erreicht haben. **Formulieren Sie alternative Lösungen** - Es ist notwendig, dass jeder Schüler mit jedem anderen im Dialog steht. **Auflösung** Die Schüler müssen **einzeln oder in Gruppen die** Ähnlichkeiten der menschlichen Essgewohnheiten beantworten.	-Lehrer-Gwa • Notebook • Markierungen	- Dabei lassen sich leicht Ähnlichkeiten mit den menschlichen Essgewohnheiten feststellen.	**Die Technik:** Hinweis **Instrument** : Anmeldung **Bewertungstät igkeit**

Tätigkeit Nr. 5

Überschüssige gesättigte Fette meiden

Quelle: Bildungseinheit "Vfctor Emilio Estrada" des Kantons Playas.

Autor: Encalada Camas Mirian Janneth

Zielsetzung:

Vermeidung des Verzehrs von gesättigten Fetten richtig zu analysieren und zu verstehen, ihre richtige Verwendung, um sie in der täglichen Ernährung des Lebens gelten.

Inhalt:

In dieser Aktivität geht es darum, zu analysieren und zu verstehen, wo es möglich ist, eine angemessene Ernährung mit Lebensmitteln zu bestimmen, die wenig gesättigte Fette enthalten, so dass die Schüler erkennen sollten.

Ablauf: Ziel dieser Übung ist es, das erworbene Wissen zu testen, indem die Schüler die richtige Alternative zur gestellten Frage wählen.

Quelle: Bildungseinheit "Vfctor Emilio Estrada" des Kantons Playas.

Autor: Encalada Camas Mirian Janneth

Schulzeit Bildungseinheit "Victor Emilio Estrada "				2015-2016	
KOMPETENZPLAN MIT LEISTUNGSKRITERIEN Artikel 11, Absatz i, Artikel 40 und 42					
INFORMATIVE DATEN:					
LEHRER:	THEMA:	Klasse/Kurs	Parallel	ANZAHL DER PERIODEN:	STARTDATUM:
Mirian Encalada Camaz	Nährstofflicher Faktor	8°	A, B	7	

Bildungsziel des Moduls/Blocks:	Übergreifend / Institutionell
Block Nr. 1 Überschüssige gesättigte Fette meiden Vermeidung des Verzehrs von gesättigten Fetten richtig zu analysieren und zu verstehen, ihre richtige Verwendung, um sie in der täglichen Ernährung des Lebens gelten.	1.- Gutes Leben Gesundheitsvorsorge und Freizeitgewohnheiten von Studenten.
	Lernachse / Makrofähigkeit
	Biologische und psychologische Entwicklung in Übereinstimmung mit dem Alter und dem sozio-ökologischen Umfeld, Ernährungs- und Hygienegewohnheiten, produktive Nutzung der Freizeit.
Bildungsziel der Fertigkeit	Integration der Lehrplanachse des Gebiets
- die Bedeutung der Ernährung zu erkennen und zu schätzen, um Präventionsstrategien für ihre biopsychosoziale Gesundheit zu entwickeln.	Entwicklung von logischem, reflektierendem und praktischem Denken, um den Nährwert im Leben zu interpretieren.
	Wesentliche integrierende Lehrplanachse der Bewertung
	Rechtfertigt die Bedeutung von Wissen und Respekt für den eigenen Körper, um ein gesundes Leben zu führen.

Zu entwickelnde Fertigkeiten mit Leistungskriterien:
Sie schätzen und respektieren ihren Körper, indem sie sich richtig ernähren.
PLANUNG NR. 5

Methodische Strategien	Ressourcen	Indikatoren für die Erreichung	Bewertungsinstru ment
Überschüssige gesättigte Fette meiden Motivation: Integrationsdynamik Reflexion: Stellen Sie Fragen zum Thema, um Ideen und Meinungen über das zu diskutierende Thema auszutauschen. Einführung in das Thema: Gesättigte Fette machen uns am meisten Sorgen, da sie in engem Zusammenhang mit Herz-Kreislauf-Erkrankungen, Hypercholesterinämie, Übergewicht und Fettleibigkeit stehen. Beschreibung des Problems -Wissensaufbau durch die Darstellung der verschiedenen Themen anhand von anschaulichen Beispielen, die es ermöglichen, das Wissen über das Thema zu vertiefen. Problemanalyse Verstärkungs- und Syntheseaktivitäten, um das Gelernte zu festigen und Schlussfolgerungen daraus zu ziehen. Formulieren Sie alternative Lösungen -Schülerinnen und -Schüler müssen im Dialog miteinander stehen. Auflösung Erstellen Sie einzeln oder in der Gruppe ein Flipchart mit Lebensmitteln, die gesättigte Fette enthalten, und solchen, die keine enthalten.	Leitfaden für Lehrkräfte Notebook - Markierungen	Es handelt sich um gesättigte Fette und eine angemessene Ernährung für den Menschen, um Krankheiten zu vermeiden.	Die Technik: Test Instrument: Papelote Bewertungstätigke it - Lesen und Analysieren.

Tätigkeit Nr. 6

Ernährung

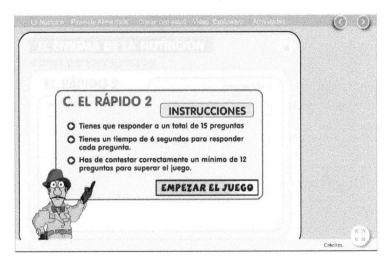

Quelle: **Bildungseinheit "Vfctor Emilio Estrada"** des Kantons Playas.

Autor: Encalada Camas Mirian Janneth

Zielsetzung:

Ernährung ist der Prozess der Gewinnung und Verarbeitung von Nährstoffen in einer verwertbaren Form.

Inhalt:

Bei dieser Aktivität geht es darum, das gestellte Rätsel richtig zu lösen und eine bestimmte Zeitspanne zu nutzen, um es richtig zu beantworten.

Verfahren:

Der Zweck dieser Aktivität ist es, dass die Schüler ihr Wissen durch die richtige Beantwortung des Rätsels üben.

	Bildungseinheit "Victor Emilio Estrada			Schulzeit 2015-2016	
KOMPETENZPLAN MIT LEISTUNGSKRITERIEN Artikel 11, Absatz i, Artikel 40 und 42					
INFORMATIVE DATEN:					
LEHRER: FACH: Klasse/Kurs		Parallel	ANZAHL DER PERIODEN:	STARTDATUM:	
Mirian Encalada CamazFactor8°. Ernährung		A, B	7		
Bildungsziel des Moduls/Blocks:		Übergreifend / Institutionell			
Block N° 2 Ernährung Ernährung ist der Prozess der Gewinnung und Verarbeitung von Nährstoffen in einer verwertbaren Form.		1.- Gutes Leben Gesundheitsvorsorge und Freizeitgewohnheiten von Studenten.			
		Lernachse / Makrofähigkeit			
		Biologische und psychologische Entwicklung in Übereinstimmung mit dem Alter und dem sozio-ökologischen Umfeld, Ernährungs- und Hygienegewohnheiten, produktive Nutzung der Freizeit.			
Bildungsziel der Fertigkeit		Integration der Lehrplanachse des Gebiets			
- die Bedeutung der Ernährung zu erkennen und zu schätzen, um Präventionsstrategien für ihre biopsychosoziale Gesundheit zu entwickeln.		Entwicklung von logischem, reflektierendem und praktischem Denken, um den Nährwert im Leben zu interpretieren.			
		Wesentliche integrierende curriculare Achse der Bewertung			
		Rechtfertigt die Bedeutung von Wissen und Respekt für den eigenen Körper, um ein gesundes Leben zu führen.			
Zu entwickelnde Fertigkeiten mit Leistungskriterien:					
Die Bedeutung des Wissens, wie man sich durch den Ernährungsprozess ernähren kann, soll geklärt werden.					
PLANUNG NR. 6					
Methodische Strategien		Ressourcen	Indikatoren für die Erreichung	Bewertungsinstrum ent	

	Leitfaden für Lehrkräfte Text für Studenten Anschauliches Poster Markierungen	- Identifizieren Sie die Lebensmittelgruppen, die eine nährstoffreiche Ernährung fördern.	Die Technik: Hinweis Instrument: Objektive Prüfung Bewertungstätigkeit
Operationen mit Brüchen Motivation: Dialog zwischen Lehrer und Schüler Reflexion: Aktivieren Sie das zuvor gesehene Wissen zum besseren Verständnis. Thema Einführung: Ernährung ist der Prozess der Aufnahme von Nährstoffen durch die Nahrung, die wir essen. Lernen Sie, wie man die sechs Nährstoffarten Kohlenhydrate, Fette, Proteine, Wasser, Vitamine und Mineralien richtig aufnimmt. Beschreibung des Problems Es werden Aktivitäten vorgeschlagen, die mit dem täglichen Leben im Zusammenhang mit dem Thema des Moduls stehen, so dass die Schüler mit dem neuen Wissen interagieren können. Problemanalyse Verwenden Sie Ideen, um ihre Gedanken zum Thema weiterzuentwickeln und so ihre eigenen Ideen zu kreieren. Formulieren Sie alternative Lösungen Es ist notwendig, dass jeder Schüler mit jedem anderen im Dialog steht. Auflösung Stellen Sie einzeln oder in Gruppen Beispiele für die vier Lebensmittelgruppen Eiweiß, Vitamine, Kohlenhydrate und Fette dar.			

Tätigkeit Nr. 7

Proteine

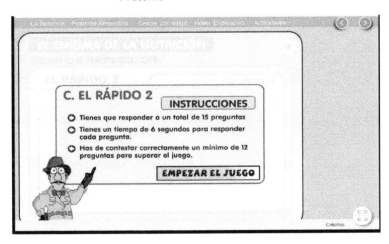

Strände.

Autor: Encalada Camas Mirian Janneth

Zielsetzung:

Proteine sind Makromoleküle, die den Hauptnährstoff für den Aufbau der Körpermuskulatur darstellen.

Inhalt:

Bei dieser Aktivität geht es darum, das gestellte Rätsel richtig zu lösen und eine bestimmte Zeitspanne zu nutzen, um es richtig zu beantworten.

Verfahren:

Der Zweck dieser Übung besteht darin, dass der Schüler sein Wissen durch die
richtige Beantwortung des Rätsels übt.

ZeitraumSchulzeit					
Bildungseinheit "Victor Emilio Estrada "	2015-2016				

KOMPETENZPLAN MIT LEISTUNGSKRITERIEN
Artikel 11 Absatz i, Artikel 40 und 42
INFORMATIVE DATEN:

LEHRER: FACH:		Klasse/Kurs	Parallel	ANZAHL DER PERIODEN:	STARTDATUM:
Mirian Encalada CamazFactor Ernährung		8°	A, B	7	

Bildungsziel des Moduls/Blocks:	Übergreifend / Institutionell
Block N° 2 Protems Proteine sind Makromoleküle, die den Hauptnährstoff für den Aufbau der Körpermuskulatur darstellen.	1.- Gutes Leben Gesundheitsvorsorge und Freizeitgewohnheiten von Studenten.
	Lernachse / Makrofähigkeit
	Biologische und psychologische Entwicklung in Übereinstimmung mit dem Alter und dem sozio-ökologischen Umfeld, Ernährungs- und Hygienegewohnheiten, produktive Nutzung der Freizeit.
Bildungsziel der Fertigkeit	Integration der Lehrplanachse des Gebiets
- die Bedeutung der Ernährung zu erkennen und zu schätzen, um Präventionsstrategien für ihre biopsychosoziale Gesundheit zu entwickeln.	Entwicklung von logischem, reflektierendem und praktischem Denken, um den Nährwert im Leben zu interpretieren.
	Wesentliche integrierende Lehrplanachse der Bewertung
	Rechtfertigt die Bedeutung von Wissen und Respekt für den eigenen Körper, um ein gesundes Leben zu führen.

Zu entwickelnde Fertigkeiten mit Leistungskriterien:

Das Thema verstehen, um eine bestimmte Wirkung zu erzielen.
PLANUNG NR. 7

Methodische Strategien		Ressourcen	Indikatoren für die Erreichung	Bewertungsinstrument

	Leitfaden für Lehrkräfte Anschauliches Poster Notebook Markierungen	- Identifiziert Lebensmittelgruppen die nahrhafte Lebensmittel fördern.	Die Technik: Hinweis Instrument: Objektive Prüfung Bewertungstätigkeit
Multiplikation von Brüchen Motivation: Brainstorming Reflexion: Überprüfung des durch Brainstorming erworbenen Wissens Thema Einführung: Proteine sind sehr komplexe chemische Verbindungen, die in allen lebenden Zellen vorkommen: in Blut, Milch, Eiern und allen Arten von Samen und Pollen. Beschreibung des Problems Es schlägt Aktivitäten vor, die mit dem täglichen Leben im Zusammenhang mit dem Thema des Moduls stehen, damit die Schüler mit dem neuen Wissen interagieren können. Problemanalyse Verwenden Sie Ideen, um ihre Gedanken zum Thema weiterzuentwickeln und so ihre eigenen Ideen zu kreieren. Formulieren Sie alternative Lösungen Es ist notwendig, dass jeder Schüler mit jedem anderen im Dialog steht. Auflösung Stellen Sie einzeln oder in Gruppen Beispiele für die vier Lebensmittelgruppen Eiweiß, Vitamine, Kohlenhydrate und Fette dar.			

Tätigkeit Nr. 8

Vitamine

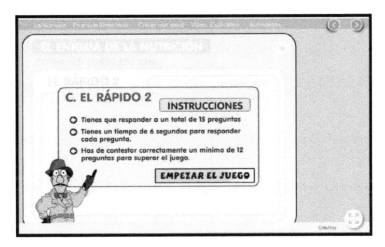

Zielsetzung:

Vitamine sind lebenswichtige Stoffe für die Stoffwechselvorgänge im Körper. Es gibt verschiedene Arten mit unterschiedlichen Funktionen. Sie gelangen durch eine ausgewogene und abwechslungsreiche Ernährung im Alltag in den Körper.

Inhalt:

Bei dieser Aktivität geht es darum, das richtig gestellte Rätsel rechtzeitig zu lösen und eine bestimmte Zeitspanne für die richtige Antwort zu verwenden. Ablauf:

Der Zweck dieser Übung ist es, dass der Schüler sein Wissen in die Praxis umsetzt, indem er das Rätsel richtig beantwortet.

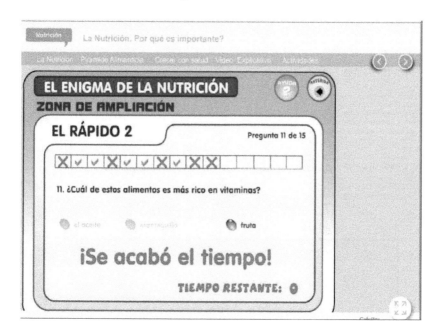

Quelle: Bildungseinheit "Vfctor Emilio Estrada" des Kantons Playas.

Autor: Encalada Camas Mirian Janneth

	Bildungseinheit "Victor Emilio Estrada"	Schulzeit 2015-2016
KOMPETENZPLAN MIT LEISTUNGSKRITERIEN		
Artikel 11 Absatz i, Artikel 40 und 42		
INFORMATIVE DATEN:		
LEHRER: FACH: Klasse/Kurs	Parallele NUMMER DATUM DER PERIODEN: START:	
Mirian Encalada CamazFactor8°. Ernährung	A, B7	
Bildungsziel des Moduls/Blocks:	Übergreifend / Institutionell	
Block Nr. 2 Vitamine Vitamine sind lebenswichtige Stoffe für die Stoffwechselvorgänge im Körper. Es gibt verschiedene Arten mit unterschiedlichen Funktionen. Sie gelangen durch eine ausgewogene und abwechslungsreiche Ernährung im Alltag in den Körper.	1.- Gutes Leben Gesundheitsvorsorge und Freizeitgewohnheiten von Studenten.	
	Lernachse / Makrofähigkeit	
	Biologische und psychologische Entwicklung in Übereinstimmung mit dem Alter und dem sozio-ökologischen Umfeld, Ernährungs- und Hygienegewohnheiten, produktive Nutzung der Freizeit.	
Bildungsziel der Fertigkeit	Integration der Lehrplanachse des Gebiets	
- die Bedeutung der Ernährung zu erkennen und zu schätzen, um Präventionsstrategien für ihre biopsychosoziale Gesundheit zu entwickeln.	Entwicklung von logischem, reflektierendem und praktischem Denken, um den Nährwert im Leben zu interpretieren.	
	Wesentliche integrierende Lehrplanachse der Bewertung	
	Rechtfertigt die Bedeutung von Wissen und Respekt für den eigenen Körper, um ein gesundes Leben zu führen.	
Zu entwickelnde Fertigkeiten mit Leistungskriterien:		

die Funktionen von Vitaminen zu identifizieren, um die richtigen Substanzen für den täglichen Gebrauch auszuwählen.

PLANUNG NR. 8			
Methodische Strategien	Ressourcen	Indikatoren für die Erreichung	Bewertungsinstrument
Kombinierte Operationen Motivation: Brainstorming Reflexion: Überprüfen Sie das erworbene Wissen mit Hilfe eines Brainstormings. Einleitung: Vitamine sind für den Stoffwechsel, das Wachstum und das reibungslose Funktionieren des Körpers unerlässlich. Nur Vitamin D wird vom Körper selbst hergestellt, der Rest wird über die Nahrung aufgenommen. Beschreibung des Problems Zu den verschiedenen Themen des Moduls werden Aktivitäten vorgeschlagen, die sich auf das tägliche Leben beziehen, damit die Schüler die richtigen Lebensmittel auswählen können. Problemanalyse Verwenden Sie Ideen, um ihre Gedanken zum Thema weiterzuentwickeln und so ihre eigenen Ideen zu kreieren. Formulieren Sie alternative Lösungen Es ist notwendig, dass jeder Schüler mit jedem anderen im Dialog steht. Auflösung Stellen Sie einzeln oder in Gruppen Beispiele für die vier Lebensmittelgruppen Eiweiß, Vitamine, Kohlenhydrate und Fette dar.	Leitfaden für Lehrkräfte Anschauliches Poster Notebook Markierungen	- Identifizieren Sie die Lebensmittelgruppen, die eine nährstoffreiche Ernährung fördern.	Die Technik: Beobachtung Instrument: Objektive Prüfung Bewertungstätigkeit

Tätigkeit Nr. 9

Das Verdauungssystem

Speiseröhre

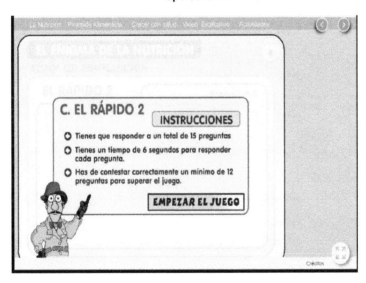

Quelle: Bildungseinheit "Vfctor Emilio Estrada" des Kantons Playas.

Autor: Encalada Camas Mirian Janneth

Zielsetzung:

Darstellung des Verdauungsprozesses im menschlichen Körper, um den

Nährstoffbedarf von Lebewesen zu analysieren.

Inhalt:

Bei dieser Aktivität geht es darum, das gestellte Rätsel richtig zu lösen und eine bestimmte Zeitspanne zu nutzen, um es richtig zu beantworten.

Verfahren:

Der Zweck dieser Übung ist es, dass der Schüler sein Wissen in die Praxis umsetzt, indem er das Rätsel richtig beantwortet.

			Schulzeit 2015-2016			
	Bildungseinheit "Victor Emilio Estrada					
KOMPETENZPLAN MIT LEISTUNGSKRITERIEN						
Artikel 11 Absatz i, Artikel 40 und 42						
INFORMATIVE DATEN:						
LEHRER:	THEMA:	Klasse/Kurs	Parallel	ANZAHL DER PERIODEN:	STARTDATUM:	
Mirian Encalada Camaz	Nährstofflicher Faktor	8°	A, B	7		
Bildungsziel des Moduls/Blocks:			Übergreifend / Institutionell			
Block Nr. 2 Das Verdauungssystem Speiseröhre			1.- Gutes Leben Gesundheitsvorsorge und Freizeitgewohnheiten von Studenten.			
			Lernachse / Makrofähigkeit			
Darstellung des Verdauungsprozesses im menschlichen Körper, um den Nährstoffbedarf von Lebewesen zu analysieren.			Biologische und psychologische Entwicklung in Übereinstimmung mit dem Alter und dem sozio-ökologischen Umfeld, Ernährungs- und Hygienegewohnheiten, produktive Nutzung der Freizeit.			

Bildungsziel der Fertigkeit	Integration der Lehrplanachse des Gebiets
- die Bedeutung der Ernährung zu erkennen und zu schätzen, um Präventionsstrategien für ihre biopsychosoziale Gesundheit zu entwickeln.	Logisches, reflektierendes und kritisches Denken entwickeln, um den Nährwert im Leben zu interpretieren.
	Integration der für die Bewertung wichtigen Lehrplanachse
	Rechtfertigt die Bedeutung von Wissen und Respekt für den eigenen Körper, um ein gesundes Leben zu führen.

Zu entwickelnde Fertigkeiten mit Leistungskriterien:

Identifizieren Sie die Funktion des Verdauungstrakts für eine Analyse der Funktion der Speiseröhre für die richtige Nährstoffaufnahme.

PLANUNG NR. 9

Methodische Strategien	Ressourcen	Indikatoren für die Erreichung	Bewertungsinstrum ent
Das Verdauungssystem Speiseröhre Motivation: Brainstorming Überlegung: Überprüfen Sie die Mindestkenntnisse, die der Mitarbeiter für den Brainstorming-Prozess benötigt. Thema Einführung: Die Speiseröhre (Ösophagus) ist ein häutiger, muskulöser Gang (ein Muskelschlauch), der sich im mittleren Teil des Brustkorbs befindet und vom Rachen bis zum Magen reicht. Die Nahrung gelangt durch die Speiseröhre in den Magen. Beschreibung des Problems Zu den verschiedenen Themen des Moduls werden Aktivitäten vorgeschlagen, die sich auf das tägliche Leben beziehen, damit die Schüler die richtigen Lebensmittel auswählen können. Problemanalyse Verwenden Sie Ideen, um ihre Gedanken zum Thema weiterzuentwickeln und so ihre eigenen Ideen zu kreieren. Lösungsalternativen formulieren Es ist notwendig, dass jeder Schüler mit jedem anderen im Dialog steht. Auflösung Überprüfen Sie einzeln oder in der Gruppe die Ausarbeitung eines Diagramms, das den Mechanismus der Verdauung darstellt.	Beruf des Lehrers Anschauliches Poster Notebook Markierungen	Erstellen Sie ein Diagramm zur Darstellung des Verdauungssyste ms und seiner Funktion.	Die Technik: Anmeldung Instrument: Anmeldung Bewertungstätigkeit

Tätigkeit Nr. 10

Das Verdauungssystem

127

Autor: Encalada Camas Mirian Janneth

Zielsetzung:

Analyse und Verständnis der Funktion des Verdauungssystems durch den Prozess der **Umwandlung der Nahrung**, damit diese von den Zellen des Organismus aufgenommen und verwertet werden kann.

Inhalt:

Bei dieser Aktivität geht es darum, in der Wortsuche die Wörter zu finden, die mit den Teilen des Verdauungssystems zusammenhängen, und die Schüler zu motivieren.

Verfahren:

Der Zweck dieser Aktivität ist es, dass der Schüler sein Wissen in die Praxis umsetzt, indem er in der Buchstabensuppe Wörter findet, die sich auf das Gelernte beziehen.

Bildungseinheit "Victor Emilio Estrada"   2015-2016

KOMPETENZPLAN MIT LEISTUNGSKRITERIEN

Artikel 11 Absatz i, Artikel 40 und 42

INFORMATIVE DATEN:

LEHRER: FACH:		Klasse/Kurs	Parallel	ANZAHL DER PERIODEN:	STARTDATUM:
Mirian Encalada CamazFactor Emährung		8°	A, B	7	

Bildungsziel des Moduls/Blocks:	Übergreifend / Institutionell
Block Nr. 2 Das Verdauungssystem Analysieren und verstehen Sie die Funktion des Verdauungssystems durch den Prozess der Umwandlung der Nahrung, damit sie von den Zellen des Organismus aufgenommen und verwertet werden kann.	1.- Gutes Leben Gesundheitsvorsorge und Freizeitgewohnheiten von Studenten.
	Lernachse / Makrofähigkeit
	Biologische und psychologische Entwicklung in Übereinstimmung mit dem Alter und dem sozio-ökologischen Umfeld, Ernährungs- und Hygienegewohnheiten, produktive Nutzung der Freizeit.
Bildungsziel der Fertigkeit	Integration der Lehrplanachse des Gebiets
- die Bedeutung der Ernährung zu erkennen und zu schätzen, um Präventionsstrategien für ihre biopsychosoziale Gesundheit zu entwickeln.	Entwicklung von logischem, reflektierendem und praktischem Denken, um den Nährwert im Leben zu interpretieren.
	Wesentliche integrierende curriculare Achse der Bewertung
	begründet, wie wichtig es ist, seinen Körper zu kennen und zu respektieren, um ein gesundes Leben zu führen.

Zu entwickelnde Fertigkeiten mit Leistungskriterien:

Darstellung des Verdauungsprozesses im menschlichen Körper, um den Nährstoffbedarf von Lebewesen zu analysieren.

PLANUNG NR. 10

Methodische Strategien	Ressourcen	Indikatoren für die Erreichung	Bewertungsinstrum ent
	Gtia des Lehrers Anschauliches Poster Notebook Markierungen	Baue ein Modell zur Darstellung des Verdauungssystem s.	Die Technik: Anmeldung Modell Instrument: Anmeldung Bewertungstätigkeit
Das Verdauungssystem Motivation: Dialog zwischen Lehrer und Schüler Reflexion: Aktivieren Sie das zuvor gesehene Wissen zum besseren Verständnis. Einleitung: Das Verdauungssystem besteht aus einer Reihe von Organen (Mund, Rachen, Speiseröhre, Magen, Dünn- und Dickdarm), die für den Verdauungsprozess zuständig sind. Beschreibung des Problems Aktivierung des Vorwissens durch die Formulierung von Diagnosefragen zu den verschiedenen Themen des Moduls. Problemanalyse - Verwenden Sie Ideen, um ihre Gedanken zum Thema weiterzuentwickeln und so ihre eigenen Ideen zu kreieren. Formulieren Sie alternative Lösungen Es ist notwendig, dass jeder Schüler mit jedem anderen im Dialog steht. Auflösung Beschreiben Sie einzeln oder in der Gruppe die Funktionsweise des Verdauungssystems mit Hilfe der angefertigten Modelle.			

bibliographie

Heranwachsende. (2015). *nutritional reasoning.* Web page citation. Abgerufen von
http://www.cdc.gov/ncbddd/spanish/childdevelopment/positiveparenting/adolesc
ence.html

Baras, M. (2015). *Strategien des Ernährungsfaktors für das
Lernen.*(Projekt)recuperaD
ehttp://www.google.com.ec/url?sa=t&rct=j&q=&esrc=s&fr
m=1&source=web&cd=4&CDA.

Colanta (2015). *Vorteile der traditionellen Gewohnheiten.* Abgerufen von pag,
Web.http://www.colanta.com.co/noticias/beneficios-de-una-lonchera- saludable/.

Castillo (2015). *Tecnicas activas de aprendizaje del nivel cognitivo.* Ecuador
http://www.monografias.com/trabajos104/principales-tecnicas-y-estrategias-
educativa-estimular-inteligencia-emocional-y-cognitiva/principales-tecnicas-y-
estrategias-educativa-estimular-inteligencia-emocional-y-
cognitiva.shtml#ixzz3rub5Vdxg

Castillo (2015). Die *nationale Realität des Kognitivismus.* Abgerufen von

Von. http://www.monografias.com/trabajos104/principales-tecnicas-y- strategies-
educational-stimulating-emotional-intelligence

Kompetenzen (2015). *Kriterien für die Entwicklung eines interaktiven Multimedia-
Guides.* Abgerufen von

dehttp://webcache.googleusercontent.com/search?q=cache:FVmWzmjy
C3AJ:www.navarra.es/appsExt/riiopn/home/profesiones/itinerariosprofesi
onales/exigen.aspx%3Fprofn%3D138+&cd=3&hl=de-419&ct=clnk&gl=ec

Copyright (2014).*Wahrscheinlichkeitsstichproben. Stratifizierte Stichproben.*
Brasilien Netquest Research Solutions

S.l http://www.netquest.com/blog/es/muestreo-probabilistico-muestreo- geschichtet/

Legasthenie (2015) *Lernschwierigkeiten.* Es pg.

Web. https://www.healthychildren.org/Spanish/health- issues/conditions/leamingdisabilities/Pages/types-of-learning- problems.aspx.

Domes, A. & Cortinas, M. (Juli 1, 2015). *Procesos cognitivos*. Baul del Docente. Los
Procesos cognitivos y la demanda cognitiva en educacion... .abgerufen von:
http://www.bauldocente.pe/videos/los- procesos-cognitivos-y-la-la-demanda-
cognitiva-en-educacion/

Domes, A. & Cortinas, M. (Juli 1, 2015). *Strategies of thinking*. Abgerufen von:
https://www.youtube.com/watch?v=VYDjWMNAq38.baul del docente.

El Medio (2015). *Multimedialer interaktiver Führer. Monografta* de pag, web.
http://webcache.googleusercontent.com/search?q=cache:Gz84sUCgd-
oJ:www.monografias.com/trabajos102/creacion-videos-interactivo-asignatura-
aplicaciones-digitales-educativas-i-y- cache:Gz84sUCgd-.

Elmo (Dec.13, 2015). *Las Tecnolog^as de la Informacion y la Comunicacion*.
Ecuador. http://webcache.googleusercontent.com/search?q=cache:pQFktmekq
D8J:www.elmoglobal.com/es/html/ict/01.aspx+&cd=1&hl=de- 419&ct=clnk&gl=ec

Flores, C. (2012).Metodos estad^sticos. Peru. Universidad Nacional del

Altiplano-Fakultät der

Landtechnik. Fachschule für Agrartechnik.

Gonzales (2015). Prozesse zur Ernährungserfassung. Coaching-Ernährung.pdf

http://www.fitnesscoaching.es/wp-content/uploads/2015/09/dossier-

1%C2%AA-ed-

www.nutriendomicambio.com

Ineval (2015). *Ministerielle Vereinbarung 0061 14*. Abgerufen von.

http://webcache.googleusercontent.com/search?q=cache:NpoHLmPJqGl
J:www.evaluacion.go

LOE (2015). Allgemeine Grundsätze. Geltungsbereich, Grundsätze und Ziele.
Ecuador.

http://educaciondecalidad.ec/ley-educacion-intercultural-menu/ley-educacion-interkulturelle-texto-ley.html.

Moreno, V. (Mai 2015) "*Alimentacion del nino preescolar escolar y del*

Heranwachsende" Abgerufen von http://www.pediatriaintegral.es/publicacion

Ministerio de salud publica. (2014).*organisation de la reforma curricular.*

Ecuador. http://www.salud.gob.ec/2014/11/.

Martas, P. (29. April 2015). *Transkription der kognitiven Entwicklung in der*

Heranwachsende. Abgerufen von https://prezi.com/506vufud8-o/desarrollo-cognitive-in-adolescence.

Moreno (2010) *Beweise für die nationale Realität.* Abgerufen von

http://www.foro-latino.org/flape/boletines/boletines.htm

Metodo, E. (2013). *Metodo empfrico.* Espana.

http://es.slideshare.net/hacjak/metodo-empirico

Metodo, T. (2013) *Metodo Teorico.* Ecuador.

http://www.buenastareas.com/ensayos/Metodos-Teoricos/31873309.html

Mazo, R. (Februar 22, 2013).las Tic en el aula. Colombia. Verwenden Sie diesen Identifikator, um diesen Artikel zu zitieren oder zu verlinken. http://hdl.handle.net/10819/1165.

http://bibliotecadigital.usbcali.edu.co:8080/jspui/handle/10819/1165

Ministerium, E. (2015) *Bildungsqualitätsstandards. Ecuadorama la Vida.* Ecuador. phtt://educacion.gob.ec/estandares-de-calidad-educativa.

Ernährung, (2010) "*Gesundheit und Ernährung*". Ecuador. Abgerufen von http://www.unicef.org/ecuador/overview 28804.htm.

Kognitive Ebene. (2015).*Kognitive Prozesse.* Abgerufen von

http://es.slideshare.net/OrlandoAndrs/habilidades-cognitivas-52514951

Ortiz, P. (2015). Nationale Realität bei der Verwendung des Ernährungsfaktors.
http://www.alanrevista.org/ediciones/2015/2/?i=art4

Pernias, y. (2012) "Medicion del Estado Nutricional". Espana.
http://redined.mecd.gob.es/xmlui/handle/11162/103524. pag, 13.

P, N. Vivir. (2012).*plan nacional del buen vivir.* Ecuador.

http://educacion.gob.ec/category/educacion-para-la-democracia-y-el-buen-vivir

Smi (2015). *Interaktiver Führer. Monografta de Ecuador.* Abgerufen von
http://webcache.googleusercontent.com/search?q=cache:Gz84sUCgd-
oJ:www.monografias.com/trabajos102/creacion-videos-interactivo-asignatura-
aplicaciones-digitales-educativas-i-y-ii/creacion-videos-interactivo-asignatura-
aplicaciones-digitales-educativas-i-y-ii.shtml+&cd=3&hl=de-419&ct=clnk&gl=ec

Sorroche, M. (2012). *Metodolog^a de la investiga^on. Gua para la realización y*

Bewertung der

Arbeit. http://webcache.googleusercontent.com/search?q=cache:-

IxzVQIXoXkJ:masteres.ugr.es/estudioslatinoamericanos/pages/investiga
tion/profesional/!+&cd=1&hl=de-419&ct=clnk&gl=ec

IKT. (2013*). Ministerium für Bildung. Ecuador.*

http://www.google.com.ec/url?sa=t&rct=j&q=&esrc=s&frm=1&source=web&cd=
3ved=0ahUKEwjUo

Educational Unit (2012). *Volkstänze. La prefectura del Guayas* de pag. web.
http://www.guayas.gob.ec/noticias/alumnos-de-la-escuela-victor-emilio- estrada-en-
playas-dejaron-10-computers-for-your-institution.

Yucta, L. (2015). *Grundstruktur eines interaktiven Multimedia-Guides.*

Ecuador.*repositorio.pucesa.edu.ec/jspui/bitstream/123456789/1421/1/75 851*

Grafische Links:

- http://es.slideshare.net/elenna_fdez/guia-didctica-presentacin-multimedia-interactiva-guia-didctica-presentacion-multimedia- interactiva
- http://www.netquest.com/blog/es/muestreo-probabilistico-muestreo- geschichtet/
- https://books.google.com.ec/books?id=o50wlT7hceoC&printsec=frontcover&dq =Was+ist+Sampling&hl=de-
- http://es.slideshare.net/agustincostales/investigacion-exploratoria?related=1
- http://es.slideshare.net/combertidor/investigacion-de-campo
- https://prezi.com/twkcrpjg2kgs/metodologia-de-hall-jenkins/

  - http://webcache.googleusercontent.com/search?q=cache:Gz84sUCgd-oJ:www.monografias.com/trabajos102/creacion-videos-interactivo.
  - https://www.youtube.com/watch?v=VYDjWMNAq38
  - http://www.bauldocente.pe/videos/los-procesos-cognitivos-y-la-demanda-kognitiv-erzieherisch
  - https://prezi.com/506vufud8-o/desarrollo-cognitivo-en-la-adolescencia.

Milton Keynes UK
Ingram Content Group UK Ltd.
UKHW020844180124
436254UK00001B/141

9 786206 953296